LES

# HAUTS-PLATEAUX

## ORANAIS

## RAPPORT DE MISSION

PAR

**M. MATHIEU**

CONSERVATEUR DES FORÊTS
A ORAN

**Le Dr TRABUT**

PROFESSEUR A L'ÉCOLE DE MÉDECINE
D'ALGER

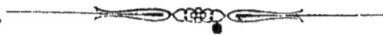

ALGER
IMPRIMERIE PIERRE FONTANA & Cie
Rue d'Orléans, 29.

1891

# LES HAUTS-PLATEAUX ORANAIS

LES

# HAUTS-PLATEAUX

## ORANAIS

## RAPPORT DE MISSION

PAR

**M. MATHIEU**

CONSERVATEUR DES FORÊTS
A ORAN

**Le Dr TRABUT**

PROFESSEUR A L'ÉCOLE DE MÉDECINE
D'ALGER

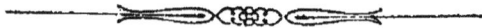

ALGER
IMPRIMERIE PIERRE FONTANA & Cie
Rue d'Orléans, 29.

1891

LES

# HAUTS-PLATEAUX ORANAIS

## RAPPORT DE MISSION

Sur la demande de M. le Général commandant la division d'Oran et suivant décision du 10 octobre 1890, M. le Gouverneur général de l'Algérie a chargé M. Mathieu, conservateur des Forêts à Oran, et M. le docteur Trabut, professeur à l'Ecole de médecine d'Alger, d'inspecter les peuplements d'Alfa exploités dans la partie des Hauts-plateaux oranais qui comprend la concession franco-algérienne et les annexes militaires de Mécheria et d'El-Aricha.

Cette région a été traversée du 20 octobre au 4 novembre, à l'exception de l'annexe d'El-Aricha qui n'a pu être visitée eu égard à la saison avancée.

Le rapport ci-joint résume les observations recueillies par les délégués de M. le Gouverneur général au cours de leur mission, tant sur l'exploitation de l'Alfa que sur la mise en valeur des Hauts-plateaux.

# I

## Le Sol.

CONSTITUTION GÉOLOGIQUE ET MINÉRALOGIQUE, OROGRAPHIE
HYDROGRAPHIE.

La région parcourue est comprise entre 1° 45' et 3° de
longitude à l'Ouest du méridien de Paris, entre 33° 30'
et 34° 40' de latitude.

Elle fait partie des Hauts-plateaux oranais, vaste plaine
à l'altitude d'environ 960ᵐ dans sa partie centrale, limi-
tée au Nord par les montagnes qui la séparent du Tell
(1250 à 1350ᵐ), au Sud par les ramifications du Djebel
Amour qui courent d'Aflou à Figuig (Est Nord-Est au
Sud Sud-Ouest), présentent des sommets de 1,400 à
2,000ᵐ et la séparent du Sahara.

Au milieu, se trouvent les Chotts, grandes dépressions
à efflorescences salines où se rendent les eaux de la région : à peu près desséchés en été, sauf dans quelques
bas-fonds marécageux, ils contiennent en hiver un amas
d'eau que le soleil du printemps fait évaporer. Le Chott
Chergui ou de l'Est occupe le centre de la zone visitée,
il reçoit comme affluent principal : au Nord l'Oued Fallet, et comme affluents secondaires, au Nord l'Oued
Nouala, l'Oued Meharreg et l'Oued El-May, au Sud l'Oued
Ouaheb, l'Oued Djilali et l'Oued Magran qui prend le
nom de l'Oued Kef el Amar dans sa partie inférieure.

Une petite chaîne transversale, le Djebel Amrag, continuée par le Djebel Antar vient, à peu près seule, interrompre l'uniformité de la plaine ; elle court du Nord
au Sud sur 60 kilomètres environ quand on a dépassé
le Chott Chergui et s'arrête au dessus du poste militaire
de Méheria (1160ᵐ) où elle a son point culminant (1640ᵐ).

En suivant la voie ferrée qui traverse les Hauts-plateaux du Nord au Sud, d'Aïn-el-Hadjar à Mécheria, on
rencontre les formations suivantes :

Entre Aïn-el-Hadjar et Tafaroua, vers le point de partage des eaux, un terrain de grès alternant avec des marnes et quelques roches calcaires, il appartient au groupe néocomien (crétacé inférieur), couronne les montagnes en s'élargissant vers l'Ouest dans la direction de Daya et présente généralement de beaux massifs forestiers : Chêne yeuse, Genèvrier oxycèdre, Pin d'Alep ; ces massifs ont été détruits sur plusieurs kilomètres de chaque côté du chemin de fer, mais il en est resté des Genèvriers épars.

Après ces crêtes, le sol, en plaine inclinée doucement vers le Chott, appartient à la formation jurassique moyenne (*Oxfordo-Corallien*), il est constitué par des argiles et des marnes alternant avec des lits de grès ou de calcaire mince et, au-dessus, par des calcaires marneux mélangés de sable siliceux entraînés par les eaux sur les versants à base de grès.

De Modzbah au Kreider et à Mecheria (43 kilomètres au Nord et 75 kilomètres au Sud du Chott Chergui), le terrain, presque complètement plat, est formé d'alluvions quaternaires argilo-siliceux où les Salsolacées se montrent dans le voisinage de petites dépressions et deviennent abondantes près du Chott ; aux abords de cette grande cuvette les alluvions sont formées principalement d'argile, accessoirement de sable qui se relève en petites dunes vers la lisière Sud et en dunes plus importantes au pied du Djebel Amrag.

Ce massif et le Djebel Antar qui le prolonge vers le sud présentent des roches dolomitiques, escarpées, à arêtes saillantes, un peuplement très clairsemé de Genèvriers de Phénicie avec quelques Chênes ballote y conserve, par places, un peu de terre végétale entre les fissures des rochers.

Au Nord-Ouest de la région visitée, des montagnes dénudées de grès néocomien bordent le cours supérieur de l'Oued Messoulen, elles se dégradent rapidement sous l'action des eaux et leurs débris vont ensabler la vallée ;

il est probable qu'à l'époque quaternaire ou peut-être même au début de la période moderne le grès couvrait le massif de l'Antar et les montagnes qui limitent les Hauts-plateaux ; dans cette hypothèse les érosions auraient entraîné le revêtement argileux et siliceux de ces chaînes et colmater de grands lacs dont les Chotts actuels ne seraient qu'une infime réduction.

En remontant à cette période contemporaine des premiers âges de l'humanité, la région des Hauts-plateaux oranais était pourvue de montagnes plus élevées et en partie boisées, dominant de grandes nappes d'eau qui s'écoulaient probablement à la mer par un affluent du Chélif ; une fraicheur constante y entretenait une végétation herbacée bien plus vigoureuse qu'aujourd'hui où cette même région présente en été l'aspect morne et désolé d'une grande plaine désertique coupée de loin en loin par quelques collines ou montagnes dénudées.

Ce changement d'aspect du terrain des Hauts-plateaux depuis la période quartenaire (1) se remarque d'ailleurs sur d'autres points situées au Nord du Sahara ainsi, à El-Goléa, M. Dybowski a constaté récemment l'existence d'une grande quantité de coquilles subfossiles terrestres et lacustres qui ont le caractère de la faune méditerranéenne et dénotent l'emplacement de vastes étangs aujourd'hui déssèchés ; le lieutenant Say a retrouvé les mêmes coquillages à cent lieues au Sud-Est d'El-Goléa (Académie des sciences, séances du 19 janvier 1891 ; compte-rendu d'un mémoire de M. Fischer).

Des roches éruptives associées à du gypse et à des calcaires métamorphiques se rencontrent çà et là dans une région accidentée au Nord-Ouest de Marhoum, notamment au puits de Zerga, près d'un chantier d'alfa situé à 32 kilomètres de cette localité, dans la direction de Sidi-Yahia.

---

(1) Dr P. Marès, observation sur l'étendue d'eau qui couvrait le Sahara à l'époque quartenaire (Bull. Soc. Géol. de France 1865).

Les sources sont rares : on les trouve dans la région septentrionale au pied des montagnes qui séparent Marhoun de Daya (Aïn-Takerkasa, Tagouraya, Necissa, Sidi-Chaïb, Sidi-Yahia) et dans le massif forestier des Hassasna (Aïn-Daz et quelques sources secondaires), dans la région centrale sur la rive Nord du Chott Chergui (Kreider, Skrouna, Tidaës, Temade, Saouse Guetiefa) et au pied de l'Antar (Mécheria) ; les sources de Mecheria et surtout du Kreider donnent une eau excellente d'un débit abondant.

Les puits se rencontrent à Kralfallah, El-Beïda, Sfid, Marhoun, Taoudmout, El-Hammam dans la région Nord, sur les rives occidentales et méridionales du Chott Chergui dans la région centrale, sur le bord de quelques dépressions ou ravins dans la région Sud ; mais ils sont séparés par de grands espaces absolument arides pendant 5 à 6 mois (juin à la mi-novembre) et sillonnés, pendant le reste de l'année, de redirs où les eaux pluviales s'accumulent grâce à l'affleurement d'un tuf calcaire et, plus rarement d'une couche d'argile ; partout ailleurs elles pénètrent profondément dans le sol et, pendant l'été les redirs sont taris par une évaporation rapide.

## II

## Le Climat. (1)

La partie des Hauts-plateaux oranais que nous consi-dérons est douée d'un climat chaud et sec si l'on con-sulte les moyennes mais ; sujet à d'extrêmes variations de température et d'humidité.

TEMPÉRATURE MOYENNE. — Le relevé des températures effectué pendant dix ans (1877-1886) à l'observatoire situé au-dessus de Mécheria, à 1475ᵐ d'altitude, donne pour les températures moyennes :

De l'hiver (décembre, janvier, février)...... 7° 1
Du printemps (mars, avril, mai)........... 13°
De l'été (juin, juillet, août)................ 26° 5
De l'automne (septembre, octobre, novembre) 16° 6
Et de l'année............................. 15° 68

DEGRÉ D'HUMIDITÉ. — L'humidité du sol est assez grande en novembre, considérable du 1ᵉʳ décembre au 1ᵉʳ avril, faible en mai et en octobre, à peu près nulle du 1ᵉʳ juin au 30 septembre.

L'humidité de l'atmosphère est généralement faible dans le département d'Oran car elle est due aux nuages amenés par le vent d'Ouest-Nord-Ouest dominant en Algérie : il arrive à la côte oranaise après s'être dé-pouillé de son humidité dans les Sierras d'Espagne et en avoir regagné une partie seulement en traversant un bras de mer étroit, tandis qu'à Alger et surtout à la Calle il s'est imprégné des vapeurs de la Méditerranée ; la

---

(1) La savante étude de M. le Docteur Paul Marès sur l'*Agri-culture Algérienne* publiée dans l'*Algérie Agricole* (fin de 1889 et 1890) nous a fourni une partie des renseignements consignés dans le présent chapitre, nous les avons complétés par nos observa-tions personnelles.

quantité de pluie tombée sur le littoral algérien va donc
en s'accroissant à mesure que l'on s'avance vers l'Est.

Sur les Hauts-plateaux oranais l'humidité atmosphé-
rique varie, suivant les années, beaucoup plus que sur
le littoral ; mais sa moyenne prise sur plusieurs années
consécutives diffère peu de celle que l'on constate à
Oran, car le vent d'Ouest-Nord-Ouest amène sur la région
des Steppes les vapeurs de l'Atlantique qui ont déjà
fourni des pluies à la portion Nord du Maroc.

Le relevé de l'eau tombée pendant dix années (1877 à
1886) n'a point été fait à Mecheria. nous ne le possé-
dons que pour Aflou, poste militaire situé à l'Est des
Hauts plateaux oranais et à 1350ᵐ d'altitude, nous le
donnons comparativement au relevé établi à Oran ; mais
il indique une quantité d'eau supérieure à celle qui tom-
be aux environs du Chott Chergui car le massif montagneux du Djebel Amour, près d'Aflou, arrête une partie
des vapeurs transportées par le vent de l'Ouest-Nord-
Ouest.

**Quantités de pluie en millimètres et dixièmes recueillies de
1877 à 1886 inclusivement**

| STATIONS | 1877 | 1878 | 1879 | 1880 | 1881 | 1882 | 1883 | 1884 | 1885 | 1886 | Moyennes | |
|---|---|---|---|---|---|---|---|---|---|---|---|---|
| Oran.... | 461.4 | 441.9 | 305.3 | 471.4 | 396.5 | 286.2 | 299.6 | 609.8 | 226.6 | 365.4 | 386.41 | de 10 ans |
| Aflou ... | » | 182.1 | 302.7 | 234.8 | 687 8 | 238.4 | 261.7 | 856.9 | 527.6 | 537 » | 425.66 | de 9 ans |

Dans la même période, la moyenne des pluies tombée à Saïda a été de 345 millimètres.

Pendant 9 années (1878 à 1886), la quantité annuelle
des pluies a varié de 286 à 610 millimètres à Oran et de
182 à 857 millimètres à Aflou.

On remarquera combien leur répartition est inégale
sur les Hauts-plateaux où il est tombé en 1884 près de
5 fois autant d'eau qu'en 1878 (exactement 4 fois et
7/10) ; pendant la même période, Oran recevait en 1884

deux fois autant d'eau qu'en 1882, année de la plus faible chute sur le littoral.

Variations. — L'humidité de l'atmosphère, la température et la pression barométrique subissent dans les Hauts-plateaux des variations extrêmes qui sont provoquées par la situation continentale de la région, son altitude élevée, son ouverture vers l'Ouest et sa proximité du Sahara : la chaleur y atteint et dépasse même parfois 40° en été tandis que le thermomètre descend en hiver à 8, 10 et 12 degrés au-dessous de zéro, des variations de 25 à 30 degrés s'y produisent en quelques heures selon que le vent souffle du Sud ou du Nord amenant, dans ce dernier cas, des ouragans et d'abondantes chutes de neige accompagnées de froid rigoureux.

Le pays est exposé à des gelées tardives qui ne permettent pas de cultiver la vigne et les arbres fruitiers : à Géryville (1300m d'altitude), on observe en mai et parfois même en juin, de fortes gelées blanches qui font périr les fruits déjà très avancés, d'autre part, vers la fin du printemps et le commencement de l'été, le siroco vient souvent échauder les blés en fleur et supprimer la récolte des céréales.

Ces brusques variations se font moins sentir dans la zone septentrionale des Hauts-plateaux qui confine au Tell, le climat y est d'ailleurs moins sec en été et le sol plus fertile que dans la grande plaine des Chotts qui doit être distinguée comme steppe désertique.

## III

### La végétation.

La végétation qui couvre le sol des Hauts-plateaux présente des différences assez nettement tranchées que l'on peut classer en six groupes, savoir :

*Terrains forestiers* ;
*Terrains agricoles* ;
*Steppes rocailleuses* à Stipa (Alfa) ;
*Steppes limoneuses* à Armoises (Chich), à Lygée sparte et à Salsolacées ;
*Steppes sableuses* à Aristida pungens (Drinn) ;
*Terrains à Pistacia atlantica* (Betoum).

Sauf les terrains à Betoum qui forment des dépressions (dayas) éparses dans la plaine, ces divers peuplements se succèdent par zones que l'on rencontre dans l'ordre indiqué en traversant les Hauts-plateaux du Nord au Sud jusqu'au Chott Chergui ; au delà, on retrouve successivement les steppes sableuses, limoneuses, rocailleuses et, sur le Djebel Antar, la zone forestière réduite à des arbres épars.

1° Les *terrains forestiers* couvrent les montagnes qui séparent le Tell des Hauts plateaux en formant un massif presque continu entre les sommets situés au Sud de Frenda vers l'Est et le Maroc vers l'Ouest ; de larges coupures s'y remarquent cependant vers le cours supérieur de l'Oued-el-Abd, la traversée du chemin de fer de Saïda à Mecheria et la région au Nord du Daya-el-Ferd, entre Sebdou et El-Ghor.

Cette zone forestière présente les espèces suivantes :

Arbres : Chêne-ballote, Genévrier oxycèdre, Pin d'Alep ;

Arbrisseaux principaux et plantes vivaces variant suivant la nature du terrain :

*Cistus polymorphus ; Cistus Clusii, Fumana lœvipes, Heliantemum rubellium, virgatum ; Pistacia terebinthus, Erinacea pungens, Genista umbellata, G. capitellata, Sarothamnus arborescens, Calycotom espinosa et intermedia ; Artemisia Herba alba et A. campestris, Santolina squarrosa ; Phyllirea media ; Jasminum fruticans ; Anarrhinum fruticosum ; Thymus algeriensis, Rosmarinus officinalis, Teucrium fruticans ; Globularia alypum ; Daphne Gnidium (garou) Thymelœa virgata ;*

Graminées les plus répandues :

Alfa (*Stipa tenacissima*), Diss (*Ampelodesmos tenax*), *Andropogon hirtus ; Dactylis glomerata, Avena bromoides, Poabulbosa, Festuca cœrulescens, Triticum hordeaceum, Triticum squarrosum, Lolium perenne.*

Elle couvre surtout les pentes du versant méditerranéen et forme une lisière assez étroite sur le versant des chotts ; la végétation en est active, les Pins et les Chênes y acquièrent de fortes dimensions, mais constituent rarement un massif complet, au moins sur la lisière Sud.

Une zone forestière importante comme surface, mais à peuplement très peu consistant, couvre les montagnes du Djebel Amour et leur prolongement dans la direction de Figuig, le Pin d'Alep y est représenté ainsi que le Genèvrier oxycèdre et le Genèvrier de Phénicie, les sommets sont couverts de Chêne ballote.

Signalons encore des restes de boisements composés surtout de Chênes ballote et de Genèvriers de Phénicie sur les montagnes isolées que l'on rencontre dans l'Ouest et le Sud des Hauts-plateaux, ceux du Djebel Antar sont les seuls que nous ayons visités.

Ces boisements formés d'arbres anciens ont une apparence de décrépitude, *on n'y trouve pas un jeune sujet* bien que ces peuplements soient depuis plusieurs années rigoureusement gardés par les soins de l'autorité militaire et *ces lambeaux semblent disparaître devant un envahissement des steppes, conséquence d'une diminution générale du régime des eaux.*

2° *Les terrains agricoles*, généralement assis sur la formation jurassique, s'étendent au Nord, sur une zone de quelques kilomètres de largeur contiguë à celle des forêts ; elle longe le Sud du massif des Hassasna, occupe d'Aïn-el-Hadjar à Tafaroua la trouée comprise entre les boisements précités et ceux des Djaffra Cheraga, continue au Sud des forêts de Tendfeld, Saahm, Oulad Sidi Khelifa, Hadjela, Tazenaga, Daya et pénètre entre ces dernières forêts et celle des Beni Mathar ; mais, à mesure que l'on s'avance vers l'Ouest, elle est plus souvent interrompue par des terrains impropres à l'agriculture, tantôt rocheux et sans profondeur, tantôt argileux, exposés aux gelées printanières et au crevassement en été, tantôt enfin, dans la tribu des Beni Mathar, par des sables provenant de la désagrégation des montagnes constituées par des grès.

Plusieurs fermes européennes s'élèvent entre Aïn-el-Hadjar et Tafaroua, elles cultivent avec le plus grand succès les céréales, les pommes de terre et même la vigne sur les pentes abritées ; la *colonisation peut encore utiliser des terrains sur ce point.*

Au delà, les indigènes labourent quelques parcelles de terre, mais le manque d'eau empêche les Européens de créer des exploitations.

En dehors de la région de Tafaroua à Aïn-el-Hadjar, la meilleure partie de la zone cultivable s'étend du Sud de la forêt des Hassasna, la terre y est profonde et fertile, constituée par des marnes argileuses avec un peu de calcaire et de sable en mélange, mais l'eau superficielle fait défaut en été et un forage pratiqué récemment à El-Aoued, sur 54 mètres de profondeur, n'a pas atteint la couche aqueuse : les terrains traversés sont des alluvions quartenaires très perméables où dominent les grés silicieux et une argile divisée par un peu de calcaire. Le Blé dur, l'Orge, l'Avoine, les Pommes de terre y seraient cultivés avec grande chance de réussite et *les indigènes pourraient tirer un meilleur parti de cette région, utilisée seulement pour le pâturage et la cueillette de l'Alfa.*

Sur un autre point de la zone agricole située entre Mozbah et Marhoum à l'Oued Fallet, le sol est moins perméable et la Compagnie Franco-Algérienne avait établi sur le cours d'eau un barrage permettant de pratiquer des irrigations, mais cet ouvrage n'a pu subsister en égard au régime absolument torrentiel de l'Oued qui coule dans une contrée dénudée et il a été emporté par les eaux avant d'avoir servi.

3° *Steppes rocailleuses à Stipa (Alfa).* La zone agricole voisine des forêts présente encore dans les sommets, les traces des boisements qui la couvraient autrefois (Genèvriers oxycèdre, bouquets de Chênes balotte) et, en se rapprochant de la plaine, des broussailles représentées surtout par le Romarin et la Globulaire ; elle est d'ailleurs riche en alfa sauf dans la trouée d'Aïn-el-Hadjar à Tafaroua et Kralfallah où cette graminée a depuis longtemps disparu ; mais la zone spéciale à l'Alfa et impropre aux cultures s'étend beaucoup plus loin car on la rencontre sur toute la surface des Hauts-plateaux.

Elle est profondément déchiquetée par la steppe à Armoises qui occupe les depressions argileuses tandis que l'Alfa couvre les ondulations sablo-calcaires où les eaux ne séjournent pas.

Cette Stipacée s'accomode mieux d'un terrain sablonneux mélangé de pierrailles calcaires que du sable provenant de la décomposition des grés, mais elle craint surtout un sol longtemps imprégné d'humidité en raison du défaut de pente ou d'un colmatage argileux : sur les plateaux légèrement ondulés qui séparent les plis de terrain et sur les pentes des hauteurs à tuf calcaire, elle présente des touffes médiocrement dévelopées ; mais nombreuses et vigoureuses, des feuilles fines peu allongées, mais d'excellente qualité; dans les montagnes de grés au Nord-Ouest de la concession franco-algérienne, les touffes paraissent plus volumineuses, mais plus espacées, les feuilles sont plus longues mais moins colorées et moins fibreuses ; au pied de l'Antar, dans les pierrailles dolomitiques arrachées par les eaux sur le flanc de la montagne et mélangées au sol d'alluvion argilosiliceux, l'Alfa, non encore exploité, offre une végétation remarquable.

Cette plante ne présente son complet développement que sur les touffes vierges : les feuilles larges, épaisses et d'un vert foncé à la partie supérieure, y ont 6 à 8 décimètres de longueur, les inflorescences y sont nombreuses ; mais le produit n'a pas toute sa valeur industrielle, car il faut un premier arrachis pour provoquer la repousse des feuilles les plus minces que recherche la sparterie ; par contre, l'exploitation industrielle souvent répétée anémie et finit par tuer la touffe, lentement si elle a lieu en saison convenable, rapidement si elle est pratiquée sans précaution ou avant la maturité ; nous reviendrons sur cette question dans le chapitre suivant.

Les steppes rocailleuses à Alfa présentent un grand nombre de menues plantes qui fournissent de précieuses ressources pastorales ; les principales sont : *Helianthemum virgatum, pilosum, eremophilum, sessiliflorum ; Plantago albicans ; Eruca sativa ; Schismus marginatus ; Ranunculus flabellatus ; Diplotaxis virgata ; Alyssum campestre ; Bisculellaa auriculata ; Cordy locarpus muricatus ; Gypsophila compressa ; Telephium imperati ; Erodium cicutarium ; Medicago minima, apiculata ; Trigonella polycerata ; Astragalus glaux, cruciatus ; Hippocrepis ciliata, scabra ; Onobrychisargentea ; Paronychia argentea, nivea ; Crucianella patula ; Valerianella dentata discoïdea ;*

*Scabiosa maritima, var. ochroleuca; Asterothrix hispanica;
Tragopogon porrifolium; Scorzonera undulata; Echinos
permum patulum; Thymus algeriensis; Sideritis monta-
na; Salvia verbenaca; Ajuga chamœpitys; Stipa tortilis,
gigantea, parviflora, barbata; Avena bromoïdes; Kœleria
pubescens valesiaca; Bromus rubens; Festuca cœrulescens; Scleropoa divaricata; Brachypodium distachyon;
Triticum squarrosum; Ægilops ovata.*

Les sous-arbrisseaux que l'on rencontre ça et là dans
le terrain calcaire et accidenté sont : le Romarin (*Rosmanirus officinalis*) et la Globulaire (*Globularia Alypum*)
et, dans les alfas de plaine, la végétation cespiteuse
n'est plus représentée que par *Noca spinosissima*, *Atractylis cœspitosa*.

4° *Steppes limoneuses à Armoise (chih) et à Lygée sparte
(sennagh)*. — La steppe limoneuse pénètre profondément entre les steppes rocailleuses sous l'aspect de larges fleuves remplissant les dépressions du sol, puis, à
20 kilom. environ au Nord du Kreïder, elle forme une
nappe continue ; la steppe sableuse vient l'interrompre
aux abords du Chott, mais elle reprend un peu au delà
et couvre au moins les 4/5 de la région parcourue entre Bou-Guetoub, Aïad en Naama, le pied de l'Antar et
Mecheria.

Elle est couverte d'Armoise blanche (*A. herba alba,
chih*) dans les terrains secs, d'Armoise champêtre (*A.
Campestris*, (tegoufa) dans les sols plus profonds et plus
riches en argile, de Lygée sparte (*Lygœum spartum, Sennagh*) dans ceux où l'argile se mélange de sable.

L'ordre indiqué marque l'abondance relative de ces
trois plantes : elles entrent dans le peuplement de la
steppe limoneuse, la première pour 8/10e, la seconde
pour 1/10e et demie, la dernière pour 1/20e.

L'Armoise blanche présente plusieurs variétés; elles
sont recherchées par les bestiaux mais non comme
fourrage exclusif.

L'Armoise champêtre serait toxique pour la plupart des animaux ; les moutons et les chevaux en dévorent quelques ramules quand d'autres plantes ne leur donnent pas une nourriture suffisante.

Le Lygée Sparte constitue un fourrage très médiocre, brouté quelquefois par les bœufs et les chameaux ; on peut l'utiliser comme l'alfa, et les indigènes du Sud et de Tunisie le préfèrent même pour la sparterie et la corderie, mais ses feuilles sont plus courtes, ses nappes beaucoup plus resserrées, plus disséminées, et l'industrie oranaise n'en tire pas parti.

Les plantes qui se rencontrent surtout dans la steppe limoneuse sont :

*Atriplex halimus* et *parvifolia* ; *Plantago albicans* ; *Taraxacum lævigatum* ; *Ferula communis* ; *Schismus marginatus* ; *Anabasis articulata* ; *Peganum Harmala* ; *Mathiola livida* ; *Malva egyptiaca* ; *Erodium cicutarium* ; *Ononis angustissima* ; *Zollichofœria resedifolia* ; *Salvia lanigera* et quelques plantes de la zone précédente.

La végétation ligneuse n'y est représentée que par l'*Atriplex halimus,* etc., quelques *Ziziphus lotus.*

Des Salsolacées dominent sur quelques points dans la partie de la steppe limoneuse qui s'étend au Sud du chott ; il serait intéressant de les y multiplier, car elles constituent un fourrage de très bonne qualité ; les principales sont :

*Atriplex halimus* et *parvifolia* ; *Echinopsilon muricatus* ; *Arthrocnemon macrostachyum* ; *Salicornia herbacea* ; *Suæda vermiculata* et *fruticosa* ; *Salsola vermiculata, spinescens, zygophylla* (1), *Anabasis articulata, Halogeton sativus.*

Les *terrains à Salsolacées* forment une ceinture au chott

---

(1) *Salsola spinescens* et *Salsola zygophylla* (Battandier et Trabut, Flore alg.) sont deux espèces découvertes par nous près de Mécheria ; la première n'était connue qu'en Arabie, la seconde est nouvelle.

Chergui, surtout dans sa partie méridionale, entre les dunes que garnit le Drinn ; ces plantes sont nombreuses aux abords de la source du Kreider, car le pâturage du bétail ne s'y exerce pas et leurs diverses espèces, que nous avons déjà fait connaître, y produisent à l'automne une très belle végétation ornementale.

La plupart s'accommodent d'un terrain sec, car on les rencontre dans la dune limoneuse et la dune sableuse, mais leur station préférée est au bord du chott, où le sel marin mélangé au sol en faible quantité active leur végétation.

On trouve associées aux Salsolacées :

*Juncus maritimus; Frankenia pulverulenta, thymifolia; Statice delicatula ; Spergularia media ; Plantago maritima; Festuca fenas; Lepidium subulatum ; Muricaria prostrata; Paronychia cossoniana ; Sphenopus divaricatus ; Glyceria distans ; Triticum orientale ;*

Dans l'*Algérie agricole* du 15 décembre 1889, M. le professeur Battandier a signalé l'importance fourragère d'une plante de ce groupe, l'*Halogeton sativus*, qu'il avait étudiée au commencement de novembre, entre Beni-Mansour et Mzita. Résumons la note qu'il lui a consacrée et qui s'accorde avec nos propres observations.

L'*Halogeton* est remarquable, en automne, par sa belle végétation sur un terrain nu ou garni de plantes desséchées ; son développement représente pour chaque pied 500 grammes à 2 kilogrammes de fourrage frais.

Sous le nom de *Barilla*, cette plante était autrefois la plus estimée pour la fabrication des soudes naturelles, fournissait la Soude d'Alicante et faisait l'objet de vastes cultures dans la partie Sud-Est de l'Espagne.

« Comme toutes les Salsolacées, elle est très recher-
» chée des bestiaux et en particulier des moutons. Elle
» est annuelle et ne présente aucune partie dure ou épi-
» neuse. Très riche en eau, elle diminuerait beaucoup
» la quantité de liquide nécessaire aux troupeaux, ce
» qui a son importance dans nos steppes sèches. C'est

» vers la fin de l'été qu'elle atteint tout son développe-
» ment et qu'elle se couvre entièrement de ses petites
» fleurs rosées qui ne sont pas sans élégance. Elle est
» facile à reconnaître à ses tiges rouges et à ses feuilles
» charnues, pareilles à celles de l'orpin blanc, mais
» terminées par un poil. »

M. Battandier fait observer que la propagation de cette
espèce sur les Hauts-plateaux serait préférable à l'introduction de Salsolacées exotiques.

La note que nous venons d'analyser est parfaitement
fondée et elle mérite d'être prise en sérieuse considéra-
tion. Les indigènes nous ont d'ailleurs affirmé que
l'*Halogeton* constituait pour l'hiver une réserve alimen-
taire permettant au mouton de supporter les froids.

A l'*Halogeton sativus* on peut joindre plusieurs des
Salsolacées précédemment énumérées.

*5° Steppes sableuses à Arstida pungens (Drinn).*

La zone sablonneuse voisine du chott Chergui, principalement sur la rive méridionale et aux abords des
dunes de l'Amrag, est caractérisée par le *Drinn* que l'on
trouve en abondance sur les dunes au Sud des Hauts-
plateaux ainsi que dans la région saharienne ; il fixe les
sables, est brouté par les chameaux et fournit même
un grain comestible.

Les plantes suivantes lui sont ordinairement associées :
*Malcomia parviflora, œgyptiaca ; Matthiola livida ; Sisym-
brium reboudianum, torrulosum ; Lepidium subulatum,
muricaria prostrata, Malva œgyptiaca ; Erodium glauco-
phyllum ; Fagonia cretica ; Ononis angustissima ; Astragalus tenuifolius ; Deverra chlorantha ; Onopordum arena-
rium ; Carlina microcephala ; Kœlpinia linearis ; Zolliko-
feria resedifolia ; Salvia lanigera ; Scleropoa memphitica.*

*6° Terrains à Pistacia atlantica (betoum) et à Jujubier.*
Les terrains à betoum forment dans la plaine des dépressions dites dayas où les eaux pluviales entraînent
des terres enrichies par les déjections des animaux her-

bivores et entretiennent un peu d'humidité pendant une partie de l'été ; on y trouve le Pistachier de l'Atlas et, à son défaut, des buissons vigoureux de Jujubier *(Zizyphus lotus,* en arabe Sedra) ; on y rencontre habituellement les plantes suivantes :

*Festuca fenas ; Peganum harmala ; Artemisia campestris, Teucrium Campauulatum, Achillea Santolina* une partie des plantes de la steppe limoneuse et quelques Salsolacées.

Dans certaines régions, les dayas ont une grande étendue, parfois plusieurs centaines d'hectares, mais dans celle que nous avons traversée elles sont rares et occupent des cuvettes d'un demi-hectare à deux hectares au plus, ne présentant pas d'autres plantes ligneuses que des Jujubiers.

# IV

## Les habitants.

La région parcourue s'étend sur les centres et les tribus indiqués ci-dessous d'après le tableau des circonscriptions administratives dressé, le 30 septembre 1887, par M. le Secrétaire général du Gouvernement de l'Algérie. Nous n'y avons pas fait figurer les tribus des Maalif et des Hassasna car elles n'ont sur les Hauts-plateaux qu'une partie de leur territoire.

EUROPÉENS. — La population européenne est très faible : 782 habitants dont 293 français, 14 israélites naturalisés, 475 étrangers.

Elle comprend 430 individus habitant les postes militaires de Marhoum, du Kreïder et de Mecheria où ils vivent, les 2/3 en approvisionnant les garnisons, le surplus en faisant un petit commerce avec la population européenne ou indigène et, à Marhoun surtout, en s'occupant à peser, manipuler et expédier l'Alfa.

Cette même manipulation l'entretien et l'exploitation de la voie ferrée, occupent le surplus des européens (345) qui habitent les hameaux de Tafaroua, Kralfallah et les diverses stations du chemin de fer ; un petit nombre d'entre eux vivant dans des fermes situées entre Aïn-el-Hadjar et Tafaroua, forment une population rurale fixée au sol.

*Tableau,*

| CERCLE (C) (A ou Annexe) | CENTRES (C), HAMEAUX (H), DOUARS (D), TRIBUS (T) | POPULATION MUNICIPALE | | | | | SUPERFICIE | OBSERVATIONS |
|---|---|---|---|---|---|---|---|---|
| | | Français ou naturalisés | Sujets français musulmans | Marocains ou Tunisiens (Étrangers) | Européens (Étrangers) | Total | hect. | |
| Saïda (C), tribus au nord du Chott Chergui. | Marhoun (C) et poste militaire. | 56 | 7 | 5 | 92 | 160 | 1.882 | |
| | Kreider (C) et poste militaire.. | 53 | 5 | 13 | 38 | 109 | 3.692 | |
| | Tafaroua (H) | 8 | » | 11 | 11 | 19 | 30 | |
| | Kralfallah (H) | 29 | 4 | 3 | 25 | 61 | 32 | |
| | Oulad Daoud (T) | » | 1.785 | 10 | 10 | 1.805 | 128.100 | |
| | Rezaina Cheraga (T) | » | 2.148 | 6 | 1 | 2.155 | 40.000 | |
| | Rezaina Gharaba (T) | » | 1.581 | 1 | » | 1.582 | 40.000 | |
| | Beni Mathar Oulad Amran (T) | » | 1.235 | 5 | » | 1.240 | 166.500 | |
| | Beni Mathar Oulad Attia (T) | » | 934 | 1 | 8 | 943 | 111.500 | |
| | Oulad Sidi Khalifa Gharaba (T) | » | 451 | 2 | » | 453 | 8.000 | |
| | Oulad Si Khalifa Cheraga (douar) | » | 470 | 1 | » | 471 | 15.819 | |
| | Oun--el-Doud. | 63 | 10 | 17 | 209 | 299 | » | |
| | Habitations éparses | » | 10 | » | » | » | » | |
| | Amour (T) | » | 1.740 | » | » | 1.740 | » | Tribu du voisinage d'Aïn-Sefra internée depuis le mois de février 1890 sur les territoires des Maalif et des Oulad Daoud. |
| | TOTAL | 209 | 10.370 | 64 | 394 | 11.037 | 515.555 | |
| Mecheria (A). | Mecheria poste militaire | 98 | 50 | 51 | 81 | 280 | » | |
| Mecheria (A) | et Tribu des Hamyans | » | (1) | » | « | » | » | (1) Quantité indéterminée et très variable sur la zone parcourue qui forme à peine le 1/20e de la surface occupée par les tribus. |
| Géryville | Tribu des Trafis | » | » | » | « | » | Indéterminée | Indéterminée |

INDIGÈNES AU NORD DU CHOTT. — Les tribus indigènes au Nord du Chott ne sont qu'à demi nomades sur une surface assez restreinte, en formant un cercle plus ou moins étendu qui a son point de départ et de retour à la Mecheta ou campement d'hiver voisin des terres de culture ; ce déplacement a d'ailleurs pour objet de faire pâturer successivement le bétail dans les différentes parties du terrain de parcours.

D'avril à septembre, les indigènes conduisent leurs troupeaux sur le bord du Chott car l'afflux des eaux pendant l'hiver y détermine la pousse des herbes fourragères plus tôt que dans le reste de la plaine et, quand les herbes sont sèches, le sol y présente encore diverses Salsolacées recherchées par le bétail, surtout par les chameaux et les moutons.

Ce campement auprès du Chott est effectué chaque année par les Rezaïna, les Oulad Sidi Khalifa et une partie des Oulad Daoud, plus rarement et seulement pendant les sécheresses exceptionnelles par le surplus des Oulad Daoud et les Beni Mathar.

Parmi les tribus précitées, deux sont exclusivement pastorales, les Rezaïna Gharaba et les Oulad Sidi Khalifa Cheraga, les autres s'adonnent principalement au pâturage et accessoirement à l'agriculture, leurs labours étant situés vers la limité Nord des Hauts-plateaux.

Le tableau suivant indique leurs ressources en bétail et en terres de culture ; le mot de charrue qui y est employé représente la surface que peut labourer et ensemencer un indigène possédant l'attelage d'une charrue ; cette superficie, très variable d'ailleurs (10 à 12 hectares suivant que l'année est plus ou moins favorable aux labours), peut être évaluée, en moyenne, à 15 hectares sur les Hauts-plateaux.

| DOUARS OU TRIBUS | SUPERFICIE territoriale | POPULATION indigène | NOMBRE DE | | | | | | OBSERVATIONS |
|---|---|---|---|---|---|---|---|---|---|
| | hectares | | CHEVAUX et mulets | CHAmeaux | BŒUFS | MOUTONS | CHÈVRES | Charrues | |
| Oulad Daoud (T.) | 428.100 | 4.70. | 486 | '98 | 1.290 | 63.000 | 7.300 | 142 | Les indigènes ont un certain nombre d'ânes qui ne figurent pas dans le relevé et contre, la surface cultivée tend à augmenter un peu dans le Nord des Hauts-Plateaux. |
| Rezaïna Cheraga (T.) | 40.000 | 2.16. | 231 | 2.546 | » | 32.000 | 8.460 | 70 | |
| Rezaïna Gharaba (T.) | 40.000 | 1.65. | 146 | 1.627 | » | 21.550 | .660 | 93 | |
| Beni Mathar Oued Anran (.) | 166.500 | 1.93. | 243 | 1.640 | 375 | 34.270 | 9.350 | » | |
| Oued Atïa (T.) | 111.500 | 195 | 638 | 487 | | 17.500 | 4.000 | 57 | |
| Oued Sidi Khalifa Gharaba (T.) | 8.000 | 90 | 119 | 233 | | 7.000 | 1.80. | 48 | |
| Oued Sidi Khalifa Cheraga (douar Oum El Doud) | 15.819 | 51 | 149 | 111 | | 7.000 | 1.10. | 4 | |
| Amour (T.) | » | 107 | 1.430 | 170 | | 1.450 | 220 | » | Tribu internée provisoirement. |
| **Totaux** | 509.919 | 10.44. | 4.76. | 8.693 | 2.366 | 183.470 | 39.890 | 411 | |

La culture indigène n'y rapporte que 5 à 6 fois la semence dans les bonnes années.

INDIGÈNES AU SUD DU CHOTT. — Les indigènes habitant au Sud du chott sont pasteurs et nomades.

Ils appartiennent à deux groupes : les Hamyans sur l'annexe militaire de Mécheria et les Trafis sur le cercle de Géryville.

Le premier groupe comprend quinze tribus et le second quatorze, mais elles n'ont pas de territoires à limites distinctes et, dans chaque groupe, elles sont obligées de voyager sur toute l'étendue du cercle ou de l'annexe pour y trouver la nourriture de leurs troupeaux.

Les Hamyans, au nombre de 11.500, occupent 2.296 tentes ; leur bétail comprend : 1.507 chevaux 14.749 chameaux, 190 bœufs, 170.134 moutons et 25.000 chèvres ; ils n'ont point de terres de labour et leur territoire s'étend sur 2.013.000 hectares, déduction faite de celui de Mécheria.

Les Trafis, au nombre de 29.985, occupent 5.884 tentes ; leur bétail comprend : 1.900 chevaux, 23.700 chameaux,

4.860 bœufs, 318.625 moutons et 105.638 chèvres ; leurs labours sont à peu près nuls (4 charrues) et leur territoire s'étend sur 2.884.000 hectares, déduction faite de celui de Géryville et de plusieurs Ksours.

Les Hamyans et les Trafis ne cultivant point de terres n'ont généralement pas de mechta fixe ; ils campent en hiver dans la plaine, ou se rapprochant des montagnes ou des mamelons qui leur offrent un abri contre les vents les plus violents ; si la mauvaise saison se prolonge ils vont s'installer auprès du chott et, si la neige ou le froid persiste, ils s'enfoncent dans le Sahara, au Sud des montagnes qui séparent cette région de celle des Hauts-Plateaux, ils y trouvent des ressources pastorales jusqu'aux chaleurs du mois de mars qui dessèchent les herbes et donnent le signal du retour.

Chaque année, en novembre et décembre, ces nomades organisent des caravanes pour aller commercer dans les oasis du Gourara et parfois jusqu'à Tirnimoun ; le nombre des chameaux varie de 4.000 à 10.000 et le voyage dure habituellement de 60 à 65 jours.

Les denrées d'exportation sont les céréales achetées dans le Tell, l'argent, la laine et accessoirement les fè-

ves, la viande sèche, le beurre, le fromage ; les caravanes apportent en retour des dattes et accessoirement
du henné, du tabac, des épices (piment), des corbeilles
en palmier et des vêtements tissés. Ce trafic représente, par année moyenne, un millier de tonnes à
l'importation et autant à l'exportation, il procure, en
hiver, aux nomades des Hauts-plateaux, un supplément
de ressources et, par la vente des dattes, de l'argent qui
leur sert au printemps à acheter des moutons ; comme
chez les peuplades pastorales de l'antiquité, leur fortune
s'évalue surtout en bêtes ovines (pecus) dont la monnaie
d'argent (pecunia) est le signe représentatif.

# V

## Les ressources naturelles.

L'AGRICULTURE. — LES PLANTES INDUSTRIELLES

Les ressources naturelles du pays sont, avant tout, le pâturage des troupeaux, accessoirement la récolte de l'Alfa, enfin, dans une proportion minime, la culture des céréales ; nous allons reprendre, dans l'ordre inverse, ces derniers modes d'utilisation du sol et de ses produits.

CULTURE DES CÉRÉALES. — Ainsi que nous l'avons constaté au chapitre III du présent mémoire, les terres labourables se trouvent dans la zone septentrionale, rapprochée du Tell et forment une bande assez étroite sur le bord d'une région essentiellement pastorale. Sauf entre Tafaroua et Kralfallah, elles paraissent peu accessibles à la colonisation européenne en raison du climat extrême et de l'absence d'eaux permanentes, mais on devrait encourager les indigènes à étendre et à améliorer leurs cultures ; ce serait un moyen d'augmenter leur bien-être, de les fixer au sol et de supprimer chez eux toute velléité de révolte ou d'émigration au Maroc.

Tout en réservant l'avis de l'autorité militaire qui administre les populations indigènes et qui, mieux encore que nous, en connaît les besoins et les habitudes, ce résultat nous semblerait comporter l'emploi des mesures suivantes :

1° Renoncer à constituer la propriété individuelle chez les indigènes des Hauts plateaux, car un sol propre seulement au pâturage comporte une jouissance collective et, s'il était partagé propriétairement entre les indigènes. il s'élèverait entre eux des contestations perpétuelles, de plus ces grands enfants abuseraient de la faculté d'hypothéquer leurs terrains, enseraient dépossédés par les usuriers et tomberaient dans l'agitation et la misère; comme le pays n'est pas colonisable, il deviendrait très peu sûr et absolument improductif ;

2° Diminuer pour ces mêmes tribus le tarif de l'Achour en tenant compte de deux considérations : l'une politique indiquée plus haut, l'autre économique : l'impôt doit être proportionnel au rendement de la matière imposable ; or, le produit moyen des terres est beaucoup moindre sur les Hauts-plateaux que dans le Tell, eu égard aux températures extrêmes et aux gelées d'hiver et du printemps qui compromettent souvent la récolte ; dans ce double intérêt, peut-être conviendrait-il d'adopter un tarif encore plus réduit pour les tribus au Sud du Chott qui voudraient se livrer à la culture ;

3° Partout où existe une mecheta permanente, déterminer les Djemâas à y faire séjourner pendant l'été une famille de gardiens et à y construire, avec les fonds communaux et l'aide des subventions de l'Etat, un bâtiment sommaire où seraient enfermés les instruments aratoires ; ces derniers n'étant plus transportés ou abandonnés dans les migrations du groupe pourraient être progressivement remplacés par des instruments moins imparfaits, principalement par la charrue française qui produirait un labour plus profond et un rendement plus rémunérateur.; les premières seraient données, à titre de récompense, aux caïds les plus méritants et des primes ou médailles seraient attribuées aux indigènes qui en auraient fait le meilleur usage ;

4° Sur les mechetas les plus rapprochées du Tell et les moins exposées aux déprédations des maraudeurs, quelques sacs de pommes de terre et, en outre, dans les terrains calcaires, quelques sachets de fèves seraient délivrés aux groupes indigènes à l'époque de la plantation, moyennant engagement de rendre à la récolte les quantités prêtées ou d'en solder le prix, fixé au moment du prêt.

Au Sud du Chott, les cultures seront forcément très restreintes ; dans la région que nous avons traversée elles ne semblent possibles que sur quelques dayas ; mais il sera très difficile de garder des récoltes disséminées par petits lots dans une vaste plaine incessamment parcourue par les troupeaux ; des essais de ce genre doivent être encouragés, surtout en vue de créer des campements d'hiver permanents, mais on ne peut en attendre que de faibles résultats : les Hamyans et les Trafis resteront pasteurs et nomades, en raison même de la nature du pays qu'ils habitent.

Auprès des postes où l'on dispose de la main-d'œuvre militaire et où des irrigations sont praticables, il conviendrait de cultiver des légumes pour améliorer l'ordinaire du soldat ; quelques européens suivraient probablement cet exemple et, à leur défaut, un ou deux Ksouriens pourvus d'une concession de lots propres au jardinage se fixeraient à Aïn-Sefra, à Mecheria ou au Kreïder pour s'y livrer à la culture maraîchère.

Récolte et transport de l'alfa. — Les rapports fournis en 1885 et 1886 d'une première inspection des peuplements d'Alfa et la monographie de cette plante publiée par l'un de nous en 1889 (1) ont fait connaître ses exigences et les conditions de sa bonne exploitation, dans le double intérêt de la qualité du produit et de la conservation de l'espèce, un arrêté gouvernemental du 14 décembre 1888 a d'ailleurs réglementé cette exploitation en s'inspirant des documents précités.

Nous avons constaté en 1890 le bon effet des prescriptions de l'arrêté : les Alfas cueillis, devant nous en pleine maturité, fournissaient un produit très supérieur à celui d'une exploitation trop hâtive, la récolte en était plus rapide, les feuilles s'arrachaient facilement et en-

_____

(1) Etude sur l'alfa (L. Trabut).

traînaient un petit nombre de gaines, par suite les touffes se trouvaient moins épuisées, et les alfas de la région, montagneuse ou mamelonnée, avaient un aspect généralement satisfaisant.

Il n'en est pas de même des peuplements en plaîne, notamment dans le voisinage de Tinn-Brahim, station du chemin de fer à 23 kilom. au nord du Kreider et dans toute la région traversée au Sud du Chott : on y trouve en abondance des touffes mortes et d'autres malades dont les gaînes sont perforées par les insectes qui attaquent l'Alfa dépérissant ; *la zone de cette Stipacée décroit certainement d'une manière très sensible, dans toute la partie des Hauts-plateaux qui est livrée à l'exploitation.*

Ce dépérissement nous paraît dû à des causes naturelles aggravées par l'action de l'homme et des animaux ; nous les résumons comme il suit :

1° L'Alfa s'accommode très bien d'une humidité accidentelle qui active sa végétation; mais il périt quand l'eau séjourne longtemps autour de ses racines, les hivers pluvieux qui se succèdent depuis plusieurs années ont donc appauvri les peuplements en terrain horizontal.

2° Le *sol se nivelle de plus en plus* car toute la région, sauf sur la formation jurassique, est constituée par des matériaux très délayables. Les pluies y déterminent l'érosion des pentes, même peu accusées et le colmotage des bas-fonds ; d'autre part, lorsque l'inclinaison est à peine sensible, elle finit par disparaître dans le nivellement général et l'alfa meurt dans les parties colmatées ou décapées où l'eau séjourne ;

3° Ces causes naturelles agissent d'autant plus activement que l'Alfa est soumis à une cueillette plus fréquente ou plus brutale ; la touffe vierge présente un aspect bien autrement vigoureux que la touffe exploitée, fût-ce avec tous les soins convenables et les feuilles de cette dernière ne doivent même leur valeur industrielle qu'à leur amincissement, signe de l'anémie de la plante; cette anémie s'accentue après plusieurs récoltes et fait place au dépérissement si la récolte a été faite avant maturité ou si elle a supprimé des gaînes ; d'autre part, l'exploitation réduit les organes aériens et provoque par là même le déssèchement d'une partie des racines qui ne reçoivent plus en quantité suffisante le carbone élaboré par les feuilles ; de là deux consèquences : sur les pentes, les racines moins développées ne fixent plus la terre que dans un faible rayon autour de chaque touffe, l'érosion s'accentue et augmente le colmatage des parties basses ; en terrain horizontal, les touffes, déjà affaiblies par l'exploitation, ne supportent pas le séjour prolongé des eaux pluviales comme le feraient des touffes vierges qui souffriraient à la fin de l'hiver, mais se rétabliraient aux premières chaleurs ;

4° Les Espagnols effectuent dans les chantiers la manipulation, c'est-à-dire le triage et la mise en bottes de l'Alfa qui est apporté en manoques par les indigènes ; mais ces derniers pratiquent exclusivement la cueillette. Ces glaneurs appartiennent non seulement aux tribus de la région, mais à une fraction des Amour, tribu de la frontière marocaine, voisine d'Aïn-Sefra, dont 1,740 individus ont été internés au Nord du Chott depuis le mois de février 1890, et vivent surtout de la récolte de l'Alfa ; quelques glaneurs indigènes viennent aussi de tribus étrangères à la région.

Comme le bas prix du produit ne permet pas de l'exploitation au-delà de 25 à 30 kilomètres du chemin de fer, ces nombreux ouvriers multiplient les campements dans une zone relativement peu étendue et détruisent l'Alfa autour de leurs tentes pour garnir la terre sur laquelle ils couchent, alimenter le foyer et nourrir leurs animaux de bât ; ils arrachent alors, non plus seulement la feuille, mais les touffes entières et dénudent un assez vaste périmètre.

La même dénudation est pratiquée par les soldats sur 2 à 3 kilomètres autour de Mecheria pour fournir la litière au chevaux de la garnison.

Bien que secondaires, ces causes de destruction multiplient les vides et méritent d'être signalées.

Les semis naturels d'Alfa sont excessivement rares : les hampes fructifères manquent sur les touffes épuisées par une exploitation fréquente et, même dans les peuplements vierges ou reposés, olles ne produisent presque pas de semis, la graine étant probablement entraînée avec la terre par les pluies d'hiver ou la touffe naissante étant broutée par les bestiaux ; nous n'en avons rencontré, en très petit nombre, que dans les fissures horizontales des roches de grès, entre Marhoum et Daya ; il ne faut donc pas compter sur la régénération naturelle.

L'incinération est utile pour vivifier les touffes épuisées, car elle supprime les parties mortes, gaines et feuilles et provoque l'éclosion de bourgeons dormants à la base de ce feutrage, mais elle achèverait de détruire la plante si le feu était allumé pendant les grandes chaleurs ou sur des touffes assez décomposées pour avoir perdu le monticule de terre qui s'amasse à leur base pendant la période de vitalité ; il ne faut donc incinérer qu'après les premières pluies d'automne.

Cette pratique est assez coûteuse, elle ne permet une première récolte qu'après 5 ans environ ; aussi est-elle très peu usitée par les exploitants, d'autant plus qu'on ne saurait empêcher le parcours du bétail sur les nappes incinérées.

Le repeuplement des vides au moyen de portions de touffes d'alfa vigoureux pourrait s'effectuer pendant l'hiver, mais la dépense à prévoir, les soins que demanderait une bonne transplantation et la difficulté d'en écarter le bétail nous font considérer cette opération comme impraticable en grand.

On remarquera qu'en dehors de la récolte avant maturité, pratique qui a été supprimée par l'arrêté gouvernemental du 14 décembre 1888, les causes du dépérissement de l'Alfa sont notablement aggravées par le fait, mais non par la faute de l'homme, c'est-à-dire qu'elles sont à peu près inhérentes à l'exploitation industrielle de la plante, dans les conditions où elle est praticable sur les Hauts-plateaux.

Un abus qui parait persister malgré la surveillance de l'autorité militaire et quelques actes de sévère répression, est celui des fausses pesées sur les chantiers où l'indigène apporte le produit de sa cueillette.

Il est très difficile à constater car le fraudeur a rendu la bascule folle en enlevant une clavette et la replace dès que survient un agent de l'autorité.

Le commerçant qui pratique ce mode déloyal de pesée s'excuse en disant qu'au prix de vente de l'Alfa il ne réaliserait aucun bénéfice et parfois même serait en perte s'il n'usait de supercherie ; vous lui objectez qu'il devrait offrir à l'ouvrier un prix réduit du quintal, mais l'appliquer au poids réel, il répond alors que les indigènes quitteraient ses chantiers pour approvisionner ses concurrents qui leur donneraient un prix d'unité supérieur, sauf à le réduire par de fausses pesées.

Les indigènes, de leur côté, mettent des pierres dans leurs ballots d'Alfa.

Peut-être arriverait-on à supprimer ou tout au moins à gêner considérablement cette pratique malhonnète par l'emploi des mesures suivantes :

1° — Dans tous les chantiers voisins d'une gare de chemin de fer, la pesée serait faite à la gare même, par les soins d'un employé de la Compagnie assermenté et rendu responsable, moyennant une indemnité à déterminer ; des agents qui, en cas de malversation, sauraient encourir une amende ruineuse et en outre la révocation seraient peu disposés à favoriser le vol.

2° — Dans tous les chantiers éloignés des gares, la bascule serait interdite et remplacée par une balance à fléau qui ne comporte pas la même supercherie ; les vérifications portant sur l'échantillonnage des poids seraient alors beaucoup plus faciles et l'emploi d'une rondelle de plomb engagée sous l'un des plateaux pourrait être constaté soit directement, soit par le système de la double pesée ; les fraudeurs auraient la ressource d'avoir deux séries de poids, l'une fausse pour l'usage courant, l'autre loyale pour les vérifications, mais quelques pesées recommencées, en présence des officiers vérificateurs au moment où les indigènes viennent d'apporter de l'Alfa au chantier, signaleraient bientôt la tromperie.

Il est plus difficile d'arrêter la dégradation rapide des peuplements d'alfa qui se produit surtout en plaine ; l'intérêt public réclamerait cependant la conservation de cette Stipàcée sur les Hauts-plateaux pour les motifs que nous avons signalés en 1886 (1) et que nous résumons ci-après :

1° — Maintien d'une plante qui fournit au sol un peu d'humus, y fait pénétrer l'eau des pluies par ses profondes racines, provoque le dépôt de la rosée et, par suite, tempère la sècheresse et permet à quelques plantes fourragères de vivre dans son voisinage ; cette plante sert de nourriture aux animaux, chameaux, chevaux, bœufs et chèvres ; elle empêche l'érosion, la dénudation et l'appauvrissement du sol.

2° Maintien de l'industrie alfatière qui alimente un commerce important et fait vivre de nombreux ouvriers, surtout indigènes.

Malheureusement, les deux termes du problème comportent des solutions contraires : supprimer l'exploitation de l'alfa pour empêcher la dénudation du sol et l'appauvrissement des pâturages, maintenir et étendre

_____

(1) *L'Alfa dans le département d'Oran.* Rapport de mission. A. MATHIEU.

cette exploitation pour assurer des salaires aux indigènes ; il semble donc qu'on devrait appliquer l'une ou l'autre suivant que, dans telle ou telle zone, l'intérêt majeur est la conservation de l'industrie alfatière ou celle du pâturage, mais il est certain qu'en favorisant l'un des deux intérêts on sacrifiera l'autre.

L'exploitation ne peut être supprimée sur le terrain concédé pour 99 ans à la Compagnie Franco-Algérienne, mais on la rendrait moins dommageable en l'étendant à des peuplements éloignés du chemin de fer, car, depuis six années, les récoltes annuelles n'ont réalisé que 15,000 tonnes en moyenne, soit le quart environ de la production totale, mais elle ont porté constamment sur les mêmes points : en plaine aux abords des gares, dans les terrains accidentés situés entre Marhoun, Daya et le Djebel-Beguira, auprès des sources et des puits ; le bas prix du produit oblige, en effet, à réduire autant que possible les frais de ravitaillement des chantiers et ceux du transport de la marchandise.

On arriverait peut-être à rendre exploitables les nappes d'Alfa non récoltées de la concession, en obtenant de la Compagnie du chemin de fer une réduction du tarif de transport ente Saïda et le Kreider, la cueillette se reporterait plus loin, laisserait alors reposer les peuplements les plus épuisés, mais, tant que l'alfa ne reviendra pas à un prix rémunérateur, il sera bien difficile d'empêcher efficacement sa surexploitation sur les points les plus rapprochés des gares.

Dans le rapport de 1886 mentionné plus haut, nous proposions de ne pas laisser établir de chantiers au delà des chott pour prévenir la désagrégation du tertain et la diminution des ressources pastorales ; cette réserve n'a point été admise, car, depuis 1888, des chantiers ont été installés aux gares de Bou-Guetoub, Rezaïna, Bir Senia, Krebhaza et même entre Mécheria et Aïn-Sefra, à Naama et M'kalis, mais le résultat est tangible, car toutes les nappes d'alfa exploitées au Nord de Mécheria sont en dépérissement.

Il est vrai qu'elles se trouvent en plaine ou sur des ondulations peu accentuées, où le sable domine.

La zone montagneuse est beaucoup trop éloignée du chemin de fer pour être exploitable et, forcément, les récoltes à venir achèveront d'épuiser le rayon d'approvisionnement des chantiers, d'y provoquer l'érosion d'un sol très affouillable, d'y détruire ou d'y appauvrir le pâturage.

L'opinion des indigènes est intéressante à connaître sur ce point : les Hamyans sont tout à fait opposés à l'exploitation de l'Alfa sur les terrains de parcours et ne s'y livrent qu'en dehors de leur territoire ; chez les Trafis, le seul caïd que nous avons pu interroger, est, au contraire, très partisan de cette exploitation qui enrichit les gens de sa tribu, mais on doit observer qu'elle se pratique à une grande distance de leurs campements habituels et qu'ils se préoccupent peu d'une diminution du rendement pastoral portant sur l'ensemble des tribus du cercle de Géryville, tandis que la récolte de l'Alfa sur la lisière Ouest du même cercle profite à deux ou trois d'entre elles.

Nous pensons donc qu'il y aurait lieu de ne plus installer de chantiers au Sud du chott Chergui, sauf dans les années exceptionnelles où les indigènes de la région auraient été réduits à la misère par la mortalité du bétail ou tout autre cause.

Aux abords de certains postes militaires, les corvées d'alfa faites par les soldats transforment progressivement le pays en désert, il conviendrait d'arrêter cette *dénudation* en prenant les mesures suivantes :

1° L'arrachis des gaines ou des rhizomes d'Alfa pour la nourriture des chevaux de troupe n'aura lieu que dans les cas d'absolue nécessité, sur autorisation spéciale et temporaire du Général commandant la Division.

2° L'extraction des feuilles de l'Alfa destiné à garnir les tentes et à former la litière des chevaux n'aura lieu que pendant la période d'exploitation fixée par l'arrêté gouvernemental du 14 décembre 1888 ; elle s'appliquera tant aux feuilles à utiliser immédiatement qu'aux feuilles à emmagasiner pour la période pendant laquelle la récolte est interdite.

3° Les hommes de troupe chargés de la cueillette l'effectueront au bâtonnet, comme les ouvriers alfatiers, en évitant d'arracher les gaines.

4° La zone d'approvisionnement sera déterminée chaque année par l'officier commandant le cercle ou l'annexe, de manière à assurer un repos d'un an au moins au peuplement exploité ; cependant, quand la première récolte aura porté sur des Alfas vierges, la seconde pourra revenir sur le même point l'année suivante.

# VI

## Les ressources naturelles.

### LE PATURAGE

Les Hauts-plateaux sont une steppe pastorale qui, sauf en des points restreints, ne saurait être livrée à l'agriculture ; l'exploitation de l'Alfa y constitue une ressource assessoire, elle entraîne le dépérissement de la plante et peut cesser brusquement si le produit continue à baisser de valeur ; l'élevage du bétail sera donc toujours le principal moyen d'existence des populations et surtout des nomades au sud du Chott.

Nous avons indiqué précédemment le genre de vie des indigènes habitant cette région, le nombre et l'espèce des animaux qui constituent leur troupeaux et les plantes qui garnissent le sol ; il nous reste à donner quelques détails sur le pâturage et apprécier les mesures préconisées pour le développer.

Les chevaux sont élevés principalement en vue du commerce, aussi se trouvent-ils en plus grande quantité aux abords du Tell ; il existe dans les tribus beaucoup moins de chevaux que de juments, ces dernières étant conservées pour la reproduction.

Les bœufs se rencontrent surtout dans le voisinage du Tell où ils sont vendus pour la boucherie ou le labour, cependant les Trafis (cercle de Geryville) en élèvent une certaine quantité, tant pour approvisionner les garnisons que pour exporter de la viande sèche dans le Gourara.

Les chameaux sont utilisés par les tribus au Nord du Chott pour les changements d'installation, le transport de l'alfa récolté sur les Hauts-plateaux et celui des grains achetés dans le Tell, il sont très nombreux chez les indigènes du Sud, eu égard aux déplacements fréquents et lointains de ces nomades, à leur manque absolu de céréales, à leur commerce avec le Gourara et aux transports militaires.

Les moutons constituent le principal cheptel des indigènes et l'objet de leur commerce le plus important avec les européens, leurs troupeaux sont mêlés de chèvres dans une proportion qui varie suivant les tribus et s'élève en moyenne à 18 pour 0/0 au Nord du Chott et à 21 0/0 au Sud ; elles ne font pas l'objet d'un grand commerce, mais fournissent de lait leurs propriétaires et suppléent à l'indolence des bergers en conduisant les moutons qui, sans elles, paccageraient indéfiniment sur le même point, leur poil mélangé à celui du chameau sert à confectionner la toile des tentes.

L'alfa entre pour une large part dans la nourriture du chameau, principalement au printemps et à l'automne ; le bœuf en mange l'épi vert et la feuille encore jeune ; le cheval s'en nourrit à défaut d'autres aliments, mais il est friand de la base des gaines qu'il sait fort bien arracher et triturer en rejetant les feuilles vertes ; la chèvre broute l'alfa, mais préfère les autres plantes de la steppe ; le mouton n'en consomme que pressé par la faim et périrait s'il était réduit à cette nourriture exclusive.

Ces divers animaux, mais surtout le petit bétail, paissent le chîh (*Artemisia Herba alba*) ; dans les montagnes de la région forestière les jeunes feuilles du diss (*Ampelodesmos tenax*) alimentent les bœufs et, accessoirement, les chevaux; dans la plaine désertique, le drinn (*Aristida pungens*) et le sennah (*Lygeum spartum*) servent de fourrage médiocre au grand bétail, enfin les Salsolacées sont consommées par tous les troupeaux, le mouton surtout en est avide.

Une ressource pastorale importante et peut-être la principale, au moins pour les bêtes ovines ,est fournie par les plantes les plus humbles qui couvrent le sol à partir des premières pluies : *Poa bulbosa ; Kœleria vale-*

*siaca, K. pubescens ; Schismus marginatus; Plantago albi-cans ; Helianthemum*, etc.

Ces plantes plus tendres, plus savoureuses, mais moins résistantes que l'Alfa, le Chich, le Drinn et le Sennagh, se dessèchent en été et ne servent à alimenter le bétail que pendant 6 à 7 mois.

On attribue généralement à l'ignorance et à l'incurie des Arabes la faiblesse du rendement pastoral sur les Hauts-plateaux, et l'on estime que la production des bêtes ovines pourrait y être sextuplée, d'aucuns disent décuplée, si les Européens appliquaient à ce but leur science, leur activité et leurs capitaux ; mais nous craignons que cette appréciation ne tienne pas un compte suffisant des faits, au moins dans les steppes de la province d'Oran.

Les pasteurs indigènes n'ont point la science qui s'acquiert dans les écoles, mais, vivant en contact journalier avec la nature, ils profitent d'observations personnelles ou traditionnelles et connaissent les plantes de la steppe, leurs propriétés bienfaisantes ou toxiques, leur utilité pour nourrir tels ou tels animaux, les points où ils doivent conduire le bétail suivant les saisons et même une sorte de médecine qui leur permet de traiter sommairement les animaux malades ; ces notions pratiques demanderaient à être vivifiées et complétées par un enseignement plus rationnel que les indigènes seraient peut-être aptes à recevoir dans les conditions indiquées au chapitre suivant.

Dans cette région pauvre, aride et brûlée par le soleil en été, glacée en hiver par des tempêtes de pluie et de neige, soumise à des variations barométriques et thermométriques soudaines et extrêmes, la vie pastorale serait à peu près impossible pour des européens ; quelques-uns d'entre eux ont pu vivifier certains points du Sahara algérien par des forages suivis de plantations de palmiers effectuées par les indigènes ; mais leur ins-

tallation personnelle est relativement confortable et ils occupent tout au plus quelques centaines d'hectares susceptibles d'un rendement lucratif ; cette mise en valeur n'a aucun rapport avec l'exercice du pâturage sur une contrée immense où l'on doit nécessairement accepter la vie sous la tente, des déplacements annuels sur plusieurs centaines de kilomètres, depuis les Chotts jusqu'au Sahara et, dans la zone saharienne, une sécurité tout à fait précaire. Le climat des Hauts-plateaux oranais n'est pas celui de l'Australie ; il se rapprocherait plutôt de celui des steppes transcaspiennes, et nous ne voyons pas que les Russes aient cherché à se substituer aux nomades du Turkestan ou même à changer leur mode d'exploitation pastorale qui ressemble beaucoup à celui des Arabes du sud oranais.

La race ovine indigène est acclimantée par une sélection naturelle qui s'est opérée depuis des siècles : les tentatives de métissage ou d'introduction de races moins rustiques risqueraient donc de compromettre sa faculté de résistance aux influences atmosphériques, aux alternatives d'abondance et de privation qu'elle subit sur les Hauts-plateaux et surtout à la maladie du charbon.

Cette région présente, en effet, au printemps et après les premières pluies d'automne, une surabondance de fourrages qui fait place à la pénurie pendant quatre à cinq mois d'été, en hiver les Graminées et les Salsolacées ne font pas défaut, mais le pâturage est souvent entravé par la persistance de la pluie ou arrêté par la neige et la gelée, les troupeaux et surtout le menu bétail s'affaiblissent et deviennent incapables de supporter les intempéries de l'atmosphère ou une lointaine migration vers le Sahara, de là une grande mortalité pendant les hivers rigoureux ou prolongés.

L'indigène se résigne à cette ruine temporaire : « Dieu l'a voulu » ; il sait d'ailleurs que de bonnes années lui permettront de reconstituer son cheptel et ses premiers gains lui servent à acheter des moutons ; mais une exploitation européenne ne saurait s'accommoder de pareils aléas.

Comment échapper aux conséquences de ces perturbations climatériques ? Serait-ce en fauchant au printemps des fourrages qu'on emmeulerait pour l'hiver ? Mais les plantes susceptibles d'être récoltées ainsi, Sennagh, Drinn, Chih, en y joignant, si l'on veut, des feuilles arrachées sur les touffes d'Alfa, constituent, sur pied, un fourrage dur et médiocre qui, après dessication, ne serait même pas accepté par les chameaux ; d'autre part les Graminées qui croissent dans leurs intervalles sont trop menues pour permettre l'emploi de la faux, elles sont d'ailleurs parsemées d'Hélianthèmes, de Thymélées, de Labiées, de Composées et d'autres plantes sous-arbustives impropres à l'alimentation du bétail et dont la tige ligneuse mettrait bientôt les instruments hors d'usage.

Créera-t-on des étables pour y faire rentrer les troupeaux en hiver et, à défaut de greniers, des meules de fourrages pour les alimenter ? Mais sans parler d'autres animaux et sans prévoir aucune augmentation du bétail, comment abriter seulement les 489,000 moutons et 130,000 chèvres recensés au Sud du Chott Chergui ? Où trouver le fourrage sec nécessaire à leur nourriture ? Quelle provision rassembler quand la période de stabulation peut varier de quinze jours à trois mois ? L'Européen qui abriterait et nourrirait pendant l'hiver des troupeaux sur les Hauts-Plateaux Oranais ferait une spéculation ruineuse et, en tout cas, insignifiante au point de vue du développement de la production ovine ou caprine.

La multiplication des points d'eau ne résoudrait pas non plus complètement la difficulté ; cette question sera d'ailleurs examinée en détail au chapitre suivant qui expose les améliorations à réaliser.

# VII

## Les améliorations.

Nous avons indiqué précédemment les améliorations qui peuvent être réalisées, à peu près sans frais, par voie de réglementation, de modification de tarif on d'instructions données aux officiers qui administrent le territoire ; il nous reste à mentionner les travaux qui exigent les fonds de l'Etat.

Ici se place une observation générale : avant d'améliorer il faut empêcher la dégradation de ce qui existe et principalement l'érosion des pentes qui est désastreuse pour la végétation ; le dépérissement de l'Alfa, car cette plante fait pénétrer les eaux de pluie dans le sol, produit un peu d'humus, fixe les terres et provoque ainsi l'éclosion vigoureuse et abondante des plantes menues ; enfin la destruction des forêts ou des restes de forêts, car elles remplissent en montagne, d'une manière bien plus complète et plus efficace, le rôle dévolu à l'alfa sur les ondulations de la plaine.

Les améliorations à étudier concernent la zone forestière, la zone agricole et la zone pastorale, de là, trois divisions naturelles.

ZONE FORESTIÈRE. — 1° Les bois situés à la limite du Tell et des Hauts-plateaux sont, pour la plupart, soumis à la surveillance de l'Administration des forêts ; elle est à même de les sauvegarder, mais il reste en dehors de son action deux groupes importants qui en ont été temporairement distraits par un arrêté gouvernemental du 22 décembre 1875, celui des Beni-Mathar (15,000 hec.) et celui des Hassasna (66,000 hect.).

Il serait urgent d'aborner ces massifs à limites très indécises et de leur assurer une protection efficace en les rendant à la gestion du service forestier.

La délimitation des deux groupes précités et la construction aux Hassasna de deux maisons forestières doubles et la création de 5 à 6 postes de gardes constitueraient des mesures très utiles et moins coûteuses que le reboisement de la deux cent millième partie de la surface forestière à conserver. Ainsi que l'un de nous le faisait remarquer dans une notice sur les forêts de la province d'Oran, publiée en 1889 (1). « En créant sur tel point dé-
« terminé une maison forestière double au prix de 16 à
« 17,000 fr., on permettrait à deux gardes de surveiller
« efficacement 12 à 15,000 hectares de forêts, d'y faire
« recéper sur quelques points les bois abroutis et d'écar-
« ter le bétail des jeunes rejets dans les cantons récem-
« ment incendiés ou exploités ; on augmenterait en vingt
« ans, par ce seul fait, le rendement et même la surface
« occupée par le matériel ligneux beaucoup plus que si
« l'on avait dépensé 75 à 90,000 fr. en reboisant avec
« succès 300 hectares. »

2° Près de Mécheria, le Djebel-Antar dresse ses escarpements de 4 à 500 mètres au-dessus de la plaine, la vigie placée à son point culminant (1640 mètres d'altitude) domine de 480 mètres le poste militaire situé au pied de la montagne.

Ce massif dolomitique est constitué par des rochers à arêtes saillantes, lavés par les eaux et recouverts seulement, dans les partie les moins déclives, de pierrailles provenant de la roche désagrégée ; la terre végétale s'est maintenue çà et là dans les fissures des rochers, le fond des ravins et surtout vers les sommets, grâce à un peuplement de Genévriers de Phénicie clairsemés avec des Chênes ballote en mélange sur la pente Ouest et quelques arbrisseaux en sous bois.

L'autorité militaire fait respecter soigneusement ce

Les *forêts de la province d'Oran*. Statistique et questions forestières (A. Mathieu).

reste de forêt qui retient un peu de terre, couvre de quelque verdure les flancs de la montagne et contribue très probablement à faire pénétrer dans le sol les eaux de la source de Mécheria. Autrefois les troupes de la garnison coupaient les Genévriers de Phénicie et achevaient de dénuder la base du versant, mais, depuis trois ans, on leur a interdit, avec raison de s'approvisionner sur ce point.

Comme le repeuplement naturel est nul, il y aurait lieu de semer des graines forestières à la base des principaux ravins.

Les essences à employer de préférence seraient le Chêne ballote, le Genévrier de Phénicie, le Pin d'Alep et accessoirement, à titre d'essai, le Thuya.

Les cônes de genévriers pourraient être récoltés sur place ou dans les montagnes voisines d'Aïn-Sefra ; les glands et les graines de Pin d'Alep et de Thuya seraient demandés au Service forestier qui les ferait ramasser, autant que possible, dans les massifs à climat analogue situés entre Daya et Saïda ; les indications concernant la quantité et le mode d'emploi des semences seraient donnés par le même service ; l'emploi de la main-d'œuvre militaire permettrait d'ailleurs d'effectuer le reboisement à peu de frais.

Il conviendrait de l'entreprendre d'abord sur une faible surface au moyen d'un crédit de 1,000 à 1,500 francs par exemple, sauf à dépenser davantage quand on aurait acquis à la fois l'habitude de ce travail et l'expérience des conditions les plus peopres à en assurer la réussite.

Dans un sol aussi pauvre en terre végétale que celui de l'Antar, on s'exposerait d'ailleurs à un échec certain si l'on voulait reboiser avec des plants élevés en pépinière, cependant des Pins d'Alep ou des Tuyas d'un an repiqués en touffes de trois sujets pourraient reprendre sur les points très rares où la terre végétale serait profonde de $0^m,40$ au moins.

3° Des pépinières ont été créées et sont entretenues par le service militaire au Kreïder et à Mecheria ; grâce à l'irrigation et aux soins donnés, elles présentent une très belle végétation, malheureusement, le choix des essences a été fait un peu au hasard, beaucoup ne conviennent pas au sol ou au climat et celles qui s'en accommodent passent d'un jardin plantureux et bien arrosé, souvent même trop arrosé, dans une terre maigre et sèche, en outre les plants sont repiqués en hautes tiges pour échapper plus tôt à la dent du bétail ; mais il en résulte des frais élevés et une reprise plus difficile ; au total la réussite n'est pas proportionnée à l'effort et à la dépense ; parfois un officier a acquis l'expérience des plantations, il les suit avec intérêt et obtient des résultats encourageants, mais il s'éloigne et son remplaçant laisse péricliter le travail entrepris ou recommence un apprentissage dont l'Etat supportera les frais.

On améliorerait la situation en envoyant aux chefs de cercles et d'annexes, certains opuscules qui les renseigneraient sur l'exécution des semis et des plantations et sur les essences à employer suivant le sol, le climat, le degré d'humidité, etc... ; citons à cet égard deux brochures publiées à Alger en 1885 et 1886, la première par le bureau divisionnaire des affaires arabes : « Note « sur la question du reboisement dans le territoire de « commandement de la division d'Alger », la seconde par M. Bert, inspecteur des forêts : « Etude sur les plantations. »

Il conviendrait en outre de choisir pour les travaux de l'espèce des soldats habitués à la culture des jardins, aux reboisements forestiers ou tout au moins aux travaux de la campagne et de leur attribuer, si faire se peut, un supplément à la solde ou à l'ordinaire qui les encouragerait à bien travailler et leur ferait craindre le renvoi du chantier.

4° Ci-joint, pour les reboisements sur les Hauts-plateaux oranais, quelques indications sommaires qui ne sauraient toutefois suppléer à l'observation personnelle et à la lecture d'ouvrages spéciaux.

A — Les essences qui paraissent le mieux s'accommoder au sol et au climat de la région sont les suivantes :

En montagne, le Genévrier de Phénicie, le Chêne ballote et le Pin d'Alep, accessoirement le Tuya dans les parties basses. On peut aussi y essayer, dans tous les ravins où la terre est en quantité suffisante, l'*Eucalyptus viminalis* qui supporte 10 à 12 degrés au-dessous de zéro, l'*E. urnigera*, l'*E. coccifera* et *amygdalina*.

En plaine et vers la base des versants : le Robinier (vulgairement Acacia), le Gleditschia triacanthos et le Sophora, les deux derniers en petite quantité à titre d'essai; ces trois essences préfèrent d'ailleurs les sols calcaires et végéteraient mal dans un terrain compacte : les Acacias australiens des espèces pycnantha, cyanophylla, leiophylla qui peuvent vivre dans tous les terrains et redoutent peu la sécheresse, les Eucalyptus désignés ci-dessus.

On peut planter le Pistachier de l'Atlas (betoum) dans les dayas, au milieu des buissons de jujubier qui le protègent contre la dent des animaux, le Cerisier, le Pommier, le Poirier, le Frêne. le Peuplier blanc (improprement appelé tremble en Algérie) et le Saule de Babylone sur le bord des eaux ; mais non ailleurs, ces essences exigeant un sol profond et frais.

Le Melia Azedarach, le Mûrier végètent assez bien. L'Ailante, le faux Poivrier, l'*Acacia Lophanta* viennent assez mal et n'offrent pas d'intérêt, ils sont impropres aux reboisements proprement dits et ne valent pas les frais élevés de plantation et d'entretien qu'ils occasionnent dans cette région.

On ne saurait compter sur la réussite des essences suivantes et les essais, si l'on en fait, ne doivent porter que sur de petites quantités :

Le Châtaigner, essence calcarifuge qui a besoin d'un sol silico-argileux profond et frais;

Le Chêne Vélani (*G. Aegilops*), le Chêne Zéen ou Chêne blanc (*Quercus Mirbecki*) dont les exigences sont à peu près les mêmes;

Le Cèdre qui vit dans les montagnes élevées argilo-calcaires ou argilo-sableuses;

Le Noyer, qui a besoin d'un climat plus égal et que font périr les gelées ou les grandes chaleurs.

*B.* — Les reboisements réussissent moins aux expositions chaudes (Sud et Ouest) qu'aux expositions froides (Nord et Est) où l'humidité se conserve plus longtemps.

On doit semer les glands de Chêne à demeure et non en pépinière, car ils prennent un long pivot et ne supporteraient pas la transplantation, les graines d'Eucalyptus en terrines, pour leur donner dans les premiers mois l'abri et la température égale que le jeune plant réclame.

Les autres essences que nous avons signalées peuvent être semées, soit à demeure soit en pépinière, dans ce dernier cas on transplante les sujets sur le terrain à garnir, par touffes de deux ou trois quand ils ont un an ou par pieds isolés si l'on attend la seconde année; à 3 ans et plus les chances de reprise diminuent progressivement et les frais de plantation suivent la marche inverse.

Il semble rationnel de recourir au semis direct pour un premier boisement et au repiquement des plants pour regarnir, les années suivantes, les vides qui se sont produits.

Les semis doivent s'effectuer au printemps ponr les Eucalyptus, à la fin de l'automne pour toutes les autres essences; ceux des semences menues se font sur un sol sec, peu avant les premières pluies.

Les semis en pépinière ont besoin d'arrosages rares et peu prolongés, mais de sarclages et binages fréquents dès que les jeunes sujets sont assez développés pour n'être pas arrachés avec les herbes.

Pour semer à demeure sur un terrain profond, on le défriche en y laissant cependant les touffes d'alfa bien venantes quand elles sont peu nombreuses ; on y trace horizontalement des bandes de 0m45 de largeur piochées à la même profondeur et distantes de 2m50 à 3m00 d'axe en axe et on y sème les graines d'autant plus superficiellement qu'elles sont plus menues, les glands étant enfoncés à 0m06 environ. Les deux années suivantes, on détruit les herbes par un sarclage au printemps, on donne un binage à l'automne et, à cette même saison, on regarnit les vides en repiquant avec un bâton pointu, dans le sol ameubli des bandes, des glands de Chêne ou des plants extraits de la pépinière.

Dans les sols rocheux et superficiels, tels qu'on en rencontre sur le versant de l'Antar, on remplace les bandes par des potets ouverts à la pioche sur environ 4 décimètres en longueur, largeur et profondeur et l'on y place 6 ou 7 glands, ou un pareil nombre de cônes de genévrier, ou une pincée de graines de pin ou de thuya ; on peut alterner ces essences en faisant marcher de front les ouvriers dont chacun est pourvu d'une espèce de graines.

Les quantités à employer figurent dans l'étude sur les plantations par M. Bert.

Quand les chênes de semis ont 3 à 4 ans, on active leur végétation en les recépant 2 à 3 centimètres de terre, après dix ans, quand les résineux forment un fourré, on coupe au sécateur ceux qui sont dominés ou dépérissants, mais sans interrompre le massif ; à aucun moment de la croissance on ne doit élaguer les branches basses.

ZONE AGRICOLE. — Dans la région agricole, nous avons indiqué les améliorations que l'on pourrait essayer en agissant sur les indigènes par voie de conseil, de subvention en semences remboursables, de réduction d'impôt et de récompenses pécuniaires ou honorifiques.

Si l'on vonlait installer la culture européenne dans la zone septentrionale où le sol peut produire des céréales et des plantes sarclées, mais où l'eau manque en été, il y aurait lieu de prendre au préalable les mesures suivantes :

1º Au sud du massif forestier des Hassasna, on pratiquerait de nouveaux forages en les poussant à une plus grande profondeur ; si l'on trouvait de l'eau en assez grande abondance pour alimenter une exploitation rurale, il serait nécessaire de faire garder les puits sans quoi les indigènes s'empresseraient de briser l'appareil, les uns pour emporter les fers à leur convenance, les autres par un besoin de destruction provenant d'une méfiance instinctive contre une amélioration qui pourrait fixer les Européens dans le pays et en éliminer peu à peu les Árabes ; on y arriverait cependant, sans frais spéciaux, en creusant un puits à peu de distance de la forêt et en construisant à proximité une maison forestière double pour un garde français et un garde indigène chargés de surveiller le massif.

Un second forage pourrait être pratiqué dans les mêmes conditions ; à quelques kilomètres vers l'Est ou vers l'Ouest : on choisirait d'ailleurs les emplacements qui conviendraient le mieux à l'établissement ultérieur d'une ferme ou d'un hameau ; si cette dernière création était possible, les Européens fixés sur le sol vivraient non seulement de la culture agricole, mais de l'exploitation de la forêt pour approvisionner les postes militaires du Sud ; cette exploitation réglementée, surveillée et non suivie de l'abroutissement des jeunes rejets aurait pour effet de régénérer le peuplement au lieu de le détruire.

On pourrait attribuer sur ce point des lots de culture à des soldats de la légion étrangère libérés du service et naturalisés français, bien notés et, autant que possi-

ble, employés aux plantations ou anciens ouvriers ruraux, des Alsaciens-lorrains et des Allemands recrutés
de cette manière feraient souche de colons,

2° Dans la région supérieure de l'Oued Fallet, au
Nord de la gare du même nom, de petits barrages
pourraient être établis sur les principaux ravins et
permettre quelques irrigations, quand ils auraient été
suffisamment multipliés pour rendre l'afflux des eaux
moins subit, leurs abords seraient mis à l'abri des érosions par un semis de jujubiers suivi, après quelques
années, d'une plantation de saules, frênes et betoums ;
on examinerait alors s'il est opportun de reconstruire
le barrage principal, élevé jadis par la Compagnie
Franco-Algérienne, au point de rencontre des affluents
supérieurs et de créer uu centre à proximité ; la solu-
tion dépendrait évidemment des terres irrigables dont
on pourrait disposer et du résultat agricole des travaux
préparatoires exécutés en amont.

3° Le centre de Marhoum manque absolument de
colons français et ne présente, en dehors de la petite
garnison, que des alfatiers et des cantoniers, presque
tous espagnols ; les lots industriels y sont seuls occupés
les lots ruraux ayant été abandonnés par les quelques
français de la métropole qui en avaient été pourvus et
n'ont pas pu ou su les mettre en rapport ; plusieurs espagnols, sans vouloir se faire naturaliser français, demandent des concessions de terres à cultiver ; on ne saurait
satisfaire à ce vœu, mais peut-être y aurait-il lieu d'ac-
corder aux pétitionnaires une location à prix réduit
pour plusieurs années, en vue *d'apprécier le rendement
du terrain* ; on saurait par là si le centre est ou non
susceptible de devenir agricole et d'avoir une vie
propre, car il est actuellement un simple entrepôt d'alfa
ne produisant rien de ce qui est nécessaire à l'existence ;
si la tentative réussissait, le peuplement du centre serait
essayé dans les conditions précédemment exposées.

ZONE PASTORALE. — On ne peut songer que d'une manière exceptionnelle à forer des puits dans la zone pastorale car les alluvions à traverser sont très profondes et la garde de puits isolés serait peu praticable.; on est donc amené à augmenter l'amas des eaux dans la steppe par l'amélioration des redirs naturels et la création de redirs artificiels.

1° Les redirs naturels que nous avons rencontrés étaient dus à l'affleurement d'un tuf calcaire dans un pli de terrain, il en existe aussi dans certaines dépressions d'argile, mais l'eau y est plus boueuse et s'y conserve moins longtemps, car les redirs sont alimentés, dans le premier cas, par des eaux filtrant au-dessous d'une terre légère soustraite à l'action du soleil par une fine végétation herbacée et, dans le second, par des eaux coulant extérieurement sur une surface argileuse imperméable.

Il n'y a pas lieu d'approfondir les redirs naturels, car on risquerait de les tarir en perçant la couche tufeuse ou argileuse, ni de creuser des fossés pour y amener les eaux, car ils déverseraient instantanément un liquide boueux en hiver et seraient rapidement desséchés en été, on n'obtiendrait donc ni la pureté, ni la persistance des eaux.

Les redirs naturels ont besoin de curage : les pluies y amènent, non seulement la terre, mais les détritus organiques entraînés aux abords des campements, les troupeaux y piétinent, les femmes indigènes y lavent, en sorte que, comme eau potable, le liquide laisse beaucoup à désirer, il renferme probablement les embryons du nematode qui provoque la *bronchite vermineuse* des bêtes ovines, et ces dernières sont exposées par là, à une terrible mortalité.

Au point de vue de l'hygiène des hommes et des animaux, il y aurait lieu d'imposer aux indigènes les obligations suivantes.

Camper à cent mètres au moins des redirs et, quand

on le peut, sans s'écarter à plus de 150 mètres, choisir
un pli de terrain qui n'y envoie pas directement ses
eaux.

Avant le décampement qui a lieu quand l'eau du redir est épuisée, veiller à ce que les indigènes campés à
proximité enlèvent la vase en évitant de percer la cuvette.

Sur les points assez rares où un redir présente deux
cuvettes, l'une supérieure, l'autre inférieure, interdire
de laver dans la cuvette supérieure réservée comme
abreuvoir.

Ces prescriptions seraient utiles et peu compliquées,
mais l'insouciance des arabes les portera à les éluder et
elles auraient besoin d'une sanction.

2° Les redirs artificiels sont difficiles à établir dans
les dépressions où n'existe aucun redir naturel, car pré-
cisément, cette absence d'eau dénote la perméabilité du
terrain ; il faudrait donc colmater avec de l'argile non
seulement la cuvette, mais les rigoles d'alimentation ou
même le bassin, ce qui sera rarement praticable, cette
question mérite cependant une étude complète.

La création de nouveaux redirs ne semble possible
que sur les points où une dépression présentera un terrain recouvrant de l'argile, c'est-à-dire dans quelques
dayas, encore faudrait-il y découvrir très prudemment
la couche imperméable qui peut être fort mince et que
l'on risquerait de percer.

3° Le moyen le plus pratique, mais aussi le plus coûteux d'améliorer les eaux de la région et d'en augmenter le volume et la durée consisterait à créer de vérita-
bles citernes couvertes, à parois cimentées, où l'eau serait abritée contre l'évaporation et préservée des souil-
lures provenant de l'homme et des animaux, les points
les plus convenables à leur établissement seraient les
principaux redirs à fond pierreux.

4° On peut donc améliorer les points d'eau actuels
sous le rapport de la persistance et de la pureté du li-

quide, mais il faut faire des études techniques pour en établir de nouveaux.

Lors même que l'on arriverait à les multiplier, le nombre des bestiaux ne pourrait pas être beaucoup plus grand aujourd'hui, car, pendant les années de sécheresses qui ne sont pas rares, les moutons et la plupart des autres animaux, même suffisamment abreuvés, périraient au milieu d'un pâturage réduit à l'Alfa, au Chich, au Drinn et au Sennagh, s'ils ne trouvaient dans le Chott des Salsolacées et un peu d'herbe. Pendant les hivers rigoureux, ce n'est ni l'eau, ni le fourrage qui leur feraient défaut, mais la possibilité de trouver leur nourriture sous la neige ou la glace ; on ne peut donc songer à augmenter dans de grandes proportions le bétail actuel à moins de faire certaines années, estiver quatre mois dans les montagnes du Tell et hiverner deux mois dans le Sahara.

5° Une excellente amélioration de détail consisterait à ensemencer les rives du Chott en graines de Salsolacées et autres plantes fourragères, mais il faudrait trouver un moyen efficace d'écarter le bétail des jeunes plantes pendant une année au moins car les semis seraient à peu près perdus si, avant d'avoir pu développer leurs racines et prendre en terre une assiette solide, ils étaient piétinés, broutés et arrachés par les bestiaux ; on ne peut éloigner les troupeaux du Chott en été, puisque c'est là seulement qu'ils trouvent leur nourriture et, même en pratiquant des semis sur une surface restreinte, il faudrait la clore et faire garder le terrain, pour assurer sa mise en défens ; il vaudrait mieux créer simplement au Kreïder une pépinière de plantes fourragères, herbacées et arbustives et en faire repiquer, chaque automne, les sujets bien venants dans le voisinage du Chott, l'opération serait praticable et utile, mais de très faible portée au point de vue de la régénération des pâturages sur les Hauts-Plateaux.

6° Il serait intéressant de garnir de Salsolacées ali-

mentaires les abords de la Sebka d'Oran et les autres
terrains salés qui abondent dans le Tell inférieur, car
ils pourraient alors servir à engraisser des troupeaux
avant leur embarquement pour la Métropole et constituer
une réserve pastorale quand les terres de culture sont
couvertes de récoltes ; à ce point de vue, il conviendrait
de faire connaître les espèces fourragères à multiplier,
l'époque de la maturation des semences, la quantité
de graines à employer par are dans les semis en pépinière, la préparation à donner au terrain, la saison et
le mode de plantation, l'aménagement à adopter pour
le pâturage de manière à en éviter l'épuisement. Bien
des propriétaires profiteraient de ces indications pour
augmenter le rendement pastoral de terrains qui sont
aujourd'hui d'un faible rapport et ne comportent pas la
culture de la vigne ou des céréales ;

7° On améliorerait les habitudes pastorales des nomades habitant les Hauts-plateaux en créant au Kreïder
une école arabe-française qui serait en même temps
une école de bergers pour la population indigène ; les
cours pourraient se faire du 1ᵉʳ novembre au 31 mai,
durer 2 ou 3 années et vulgariser parmi les tribus de
la région des notions sommaires de botanique, de
zootechnie et de médecine vétérinaire qui augmente-
raient le rendementdu bétail ; les emplois de garde-
champêtre indigène seraient réservés de préférence aux
élèves ayant suivi le cours complet ; les communes indigènes créeraient des bourses laissant à la charge des
familles une faible portion de la dépense et, en vue d'assurer le recrutement, des mesures seraient prises pour
permettre aux élèves d'accomplir les prescriptions de la
loi musulmane.

Pour résumer notre appréciation, il n'est pas possible de transformer radicalement le mode d'exploitation
des Hauts-plateaux oranais, d'en décupler le rendement
et, de substituer dans cette région l'élément européen à
l'élément arabe ; il serait d'ailleurs très dangereux de

transformer par le croisement la race ovine indigène actuellement acclimatée, rebelle au charbon, et l'on peut seulement réaliser des améliorations de détails dont nous avons indiqué les principales.

Au cours de l'inspection de l'Alfa sur les Hauts-plateaux et plus souvent en cas de besoin, les délégués du Gouvernement général seraient chargés de constater les efforts tentés, les résultats obtenus et de donner sur le terrain des renseignements utiles aux officiers des affaires indigènes; dans les Indes anglaises et néerlandaises, une mission analogue est remplie avec fruit par des naturalistes chargés d'éclairer le gouvernement sur toutes les questions qui demandent des études attentives et très détaillées, ne pouvant conduire à des applications fructueuses qu'après expérimentation.

# LES

# HAUTS-PLATEAUX ORANAIS

### (PARTIE NORD-OUEST)

## RAPPORT SUPPLÉMENTAIRE DE MISSION

Sur la demande de M. le Général commandant la Division d'Oran et par décision gouvernementale du 10 octobre 1890, MM. Mathieu, conservateur des Forêts à Oran, et Trabut, professeur à l'Ecole de médecine d'Alger, ont été chargés d'inspecter les peuplements d'Alfa, exploités dans la concession franco-algérienne, les annexes militaires de Mecheria et d'El-Aricha.

Les 2 premières zones ont été visitées en octobre et novembre 1890 et les résultats de la mission ont donné lieu à un rapport du 20 février 1891.

La 3ᵉ zone (annexe d'El-Aricha) a été parcourue dans la seconde quinzaine de mai et le rapport supplémentaire ci-joint résume les observations recueillies par les soussignés tant sur l'exploitation de l'Alfa que sur la mise en valeur de la région traversée.

# I

## Le Sol.

CONSTITUTION GÉOLOGIQUE ET MINÉRALOGIQUE, OROGRAPHIE

HYDROGRAPHIE

La région parcourue est comprise entre le Djebel Beguira à l'Est et la frontière marocaine voisine de la plaine de Missioun à l'Ouest, soit entre le 3e et le 4e degrés de longitude occidentale par rapport au méridien de Paris, le 34° 15 et 34° 35 de latitude ; nous n'avons pas dépassé, au Sud, le sommet des hauteurs qui séparent le versant de la Daya El-Ferd de celui des Chotts ; mais nous sommes revenus de Sidi-Djilali à Tlemcen en visitant, sur le cercle de Marnia, Ghar-Rouban, les montagnes boisées des Beni Saïd et la vallée de l'Oued Khemis.

Le pays traversé comprend : au centre les Hauts-plateaux formés par le bassin de la Daya, à l'Est le cours supérieur de la Mekerra, à l'Ouest les affluents de droite de l'Oued Magoura ; il englobe en outre, vers le Nord-Ouest, les montagnes des Oulad En-Nehar, des Beni-bou-Saïd et une partie de celles du Khemis.

Les Hauts-plateaux de l'annexe d'El-Aricha diffèrent par le sol, l'altitude et la végétation, de ceux que traverse le chemin de fer de Saïda à Mecheria.

Ils n'occupent pas le versant des Chotts et leur altitude minima, 1,075m à la Daya El-Ferd, est supérieur de 120m à celle du Chott Chergui.

Les montagnes qui les limitent au Nord sont plus élevées que celles du bord septentrional des Hauts-plateaux chottiques, leurs points culminants se trouvent au Djebel Ouargla (1,607m), territoire des Angad, et au Djebel Tnouchfi (1,842m), territoire des Oulad En-Nehar.

La ligne de partage entre le versant des Chotts et celui de la daya El-Ferd est formée par les hauteurs d'El-Mergueb

(1,250 à 1,400ᵐ) qui courent du Nord-Est au Sud-Ouest depuis le Djebel Beguira (1,600ᵐ environ) jusqu'à un point situé à 6 kilomètres au sud d'El-Aricha ; une seconde chaîne parallèle de collines moins élevées, mais à pentes plus raides se trouve au Nord de la route de Bedeau à El-Aricha, elle s'interrompt pour laisser passer les Oueds Taërziza et Kerbaya, principaux affluents de la daya El-Ferd ; à l'extrémité Ouest de cette petite chaîne et à 9 kilomètres au Nord-Est d'El Aricha, le Djebel Mekaidou s'élève isolément à 1,400ᵐ ; enfin, entre El-Aricha et le Maroc, la chaîne du Djebel Sidi El-Habed court du Nord-Ouest au Sud-Est en séparant deux des affluents principaux de l'Oued Za, rivière marocaine tributaire de la Moulouia.

Au Nord-Ouest de la région, les montagnes des Oulad En-Nehar suivent une direction analogue entre la frontière du Maroc et les montagnes des Angad, ces dernières forment un demi-cercle allongé autour d'El-Ghor.

Le calcaire jurassique constitue presque toute la région montagneuse et une partie des plaines, le gypse apparaît dans la chaîne d'El-Mergueb au Sud-Est de Kerbaya ; à la Koubba de Sidi Djilali, située à 1,320ᵐ environ dans le massif des Oulad En-Nehar, une couche de travertin quaternaire domine de ses escarpements un sol de nature volcanique ; le crétacé inférieur (néocomien) se trouve au sommet des collines qui bordent au Nord la route de Bedeau à El-Aricha, il constitue, en outre, une tache assez importante dans le massif montagneux du Djebel Tnouchfi et Sidi Djilali.

Les alluvions quaternaires, couvrent à l'Ouest les vallées de l'Oued Magoura, de l'Oued Mesakhsa et de leurs principaux affluents, au centre une vaste plaine autour de la daya El-Ferd ; elles présentent plus de calcaire et moins de sable siliceux que les alluvions de la plaine des Chotts aussi sont-elles beaucoup plus riches en Alfa ; le Chich (*Artemesia herba alba*) s'y rencontre sur de moindres étendues et il est souvent remplacé par des graminées ; par contre, les peuplements d'Alfa sont très peu mélangés de plantes accessoires propres à alimenter le bétail.

En suivant le petit cours d'eau qui passe à El-Aricha et forme le commencement de l'Oued Magoura on peut étudier, sur les berges, la nature du terrain qui présente les couches suivantes : A la surface, des pierrailles calcaires mélangés de sable siliceux ; à très faible profondeur, un tuf calcaire de peu d'épaisseur ; au-dessous, $3^m 50$ à $4^m$ d'un poudingue très dur formé de cailloux arrondis de nature calcaire réunis par un ciment argilo-sableux ; à la base, une marne argileuse.

Contrairement à ce que nous avons constaté sur les Hauts-plateaux du Chott Chergui, il semble qu'à l'époque quaternaire les grès néocomiens ont été peu abondants sur les montagnes de l'annexe d'El-Aricha et que ces dernières, formées surtout de matériaux résistants, ont subi des érosions relativement faibles.

La Daya El-Ferd est une vaste dépression à sol argileux mélangé d'un peu de calcaire, son pourtour présente, à l'exclusion du poudingue, les couches successives de terrains précédemment indiquées ; couverte d'eau pendant l'hiver seulement, elle constitue un excellent pâturage où l'on trouve : au centre, le *Glyceria distans* et accessoirement le *Lygeum Spartum* (sennagh), puis, sur les bords, de petites graminées et, par places, des cultures arabes.

En résumé, dans l'annexe d'El-Aricha, la zone pastorale et la zone alfatière sont plus nettement tranchées et, séparément, plus productives que sur les Hauts-plateaux du versant des Chotts.

Les sources sont azsez fréquentes dans la région montagneuse des Oulad En-Nehar, mais rares dans le surplus de l'annexe.

Par contre, les puits sont nombreux et peu profonds à El Ghor au pied des montagnes des Angad, à El-Aouedj et Oglat Djedida sur le bord de la Daya El-Ferd, à Kersonta, Ouezzan, Taerziza, Kerbaya près de la route de Bedeau à El Aricha, Mechera El Amar, Hassi Sidi Mohamed et Magoura, à Tamestouta au pied du Djebel Sidi Habed ; enfin, à Oglat Tin Kial, dans une vallée des Oulad En-Nehar.

Les redirs étaient épuisés lors de notre passage (fin mai) et très peu nombreux ; en parcourant la région des chotts à la fin d'octobre 1890, nous avions déjà constaté qu'on les rencontrait surtout dans les dépressions à affleurement du tuf calcaire et ces dernières sont rares dans l'annexe d'El-Aricha.

## II

### Le Climat.

Les variations de température et d'humidité sont brusques et considérables dans l'annexe d'El-Aricha, comme sur le surplus des Hauts-plateaux, mais la chaleur y est un peu moins forte qu'au Kreïder, en raison de l'altitude de la région et des montagnes élevées qui la bordent.

A El-Aricha même (1238ᵐ d'altitude), le vent dominant est celui de l'Ouest-Sud-Ouest, qui vient du Maroc par les larges vallées de l'Oued Magoura et de l'Oued Mesakhsa ; vers la fin de mai, époque de notre passage, il souffle régulièrement le matin et le soir avec une certaine violence ; la chaleur est forte au milieu du jour et les nuits sont fraîches.

L'hiver de 1890-91 a été particulièrement rigoureux à El-Aricha : le thermomètre est descendu à 15° au-dessous de zéro et la neige a persité du 1ᵉʳ décembre au 18 janvier ; dans la montagne, le froid a fait périr la plupart des Genévriers oxycèdres ; en plaine et surtout au pied des versants exposés au Nord, la neige et la gelée ont fortement endommagé de nombreuses touffes d'Alfa.

# III

## La Végétation.

La végétation se répartit entre les groupes suivants :

*Terrains forestiers* ;
*Terrains agricoles* ;
*Steppes rocailleuses à stipa* (alfa) ;
*Steppes limoneuses à Armoise* (chich) *et à graminées.*

Les salsolacées, les steppes sableuses à *Aristida pungens* (drinn) et les dayas à *bétoum* font défaut dans la région.

1° *Les terrains forestiers* couvrent au Nord de l'annexe les montagnes des Oulad En Nehar et celles des Angad ; des restes de boisements se remarquent sur le Djebel Sidi El Habed, le Djebel Mekaïdou et dans le voisinage des puits d'Ouezzan.

Cette zone forestière présente les espèces suivantes :

Arbres : le Chêne ballotte, accessoirement le Genévrier oxycèdre et, au Mekaïdou, le Pin d'Alep.

Arbrisseaux : Les arbrisseaux signalés au chapitre III de notre mémoire du 20 février 1891 comme existant dans la région forestière des Hauts-plateaux du cercle de Saïda, à l'exception du Pistachier térébinthe remplacé par le Pistachier lentisque ; on trouve en outre le Nerprun à feuilles d'olivier (*Rhamnus oleoïdes*).

La végétation forestière est très belle dans les montagnes des Angad et dans une partie de celles des Oulad En-Nehar : entre Sidi Djilali et Tadjertila notamment, on rencontre toutes les formes du Chêne ballotte, et cette essence produit des tiges droites et vigoureuses ; dans la même région comme au surplus, sur toute la lisière nord des Hauts-plateaux oranais, le Genévrier oxycèdre est mal venant ou mort sur pied en raison d'une série d'hivers froids.

La même végétation se remarque dans les montagnes des Beni Bou-Saïd et dans celles du Khemis ; le Chêne liège y apparaît sur des grès néocomiens intercalés entre de grandes roches calcaires (gelahad) qui terminent les sommets par de brusques ressauts.

Aux abords de Ghar Rouban, dans les montagnes constituées par les schistes dits de Ghar-Rouban, le Lentisque, le Thuya, le Philaria, l'Olivier, le Chêne kermès et le Ciste ladanifère se mélangent au Chêne ballote qui devient moins abondant à mesure que l'altitude décroît.

Sur le Djebel Sidi El-Habed, le Djebel Mekaïdou et à Ouezzan, les arbres généralement clairsemés occupent les pentes au Nord et à l'Est ; à l'exception des Pins du Mekaïdou, ils ont une végétation lente et buissonnante. A Ouezzan, ils ont beaucoup souffert des gelées, probablement aussi du pâturage et présentent de nombreux rejets morts ; au Mekaïdou le boisement est mis en défens et une partie du taillis de Chêne ballote a été exploitée pendant les hivers de 1888 à 1890, il repousse bien, mais gagne peu en hauteur, car la période de végétation est courte ; les Pins ont été, pour la plupart, dépouillés de leurs branches basses pour procurer du bois à la garnison d'El-Aricha. Cette opération, très nuisible à la croissance des arbres, n'est plus pratiquée depuis plusieurs années.

Les pentes Sud et Ouest des montagnes des Oulad En-Nehar sont couvertes d'alfa et de romarin, mais les vallons présentent de belles touffes de Chêne-ballote mélangées à des Genévriers oxycèdres ; ces derniers ont protégé les jeunes chênes contre la dent des bestiaux et sèchent sur pied quand l'essence feuillue arrive à les dominer ; on rencontre au bord des ravins l'Amandier sauvage parfois très âgé et de fortes dimensions.

2° *Les terrains agricoles* sont plus étendus dans l'annexe d'El-Aricha que sur la lisière nord des Hauts-plateaux chottiques ; on les trouve principalement à la base des montagnes des Angad et sur le bord de la Daya El-Ferd ; quelques vallons des Oulad En-Nehar et, entre Bedeau et El Aricha, les abords des puits de Kersouta paraissent susceptibles d'un rendement agricole.

Toutes les cultures sont indigènes, mais les habitants du pays pourraient largement en augmenter la surface, surtout dans la région d'El-Ghor : le sol arable y est constitué par une argile mélangée de calcaire et d'un peu de sable gréseux ; il produit de l'orge et du blé dur, mais on y essaierait avec chances de succès le sarrasin, l'avoine, la pomme de terre et, dans les endroits un peu frais, le sainfoin dont une espèce (*Onobrychis argentea*) se rencontre partout à l'état sauvage ; les brusques variations de température, les froids de l'hiver et la sécheresse prolongée de l'été ne permettraient pas de donner à ces cultures la même extension que dans les terrains analogues de la Métropole, mais dans le voisinage des puits, le sol présente une certaine fraîcheur et, près de Bedeau, la colonisation européenne commence à tirer un très bon parti de terres analogues.

A l'extrémité nord de l'annexe d'El-Aricha et dans la région des Beni Bou Saïd on trouve des plateaux et de hautes vallées où les forêts sont coupées de larges échancrures ; l'eau y est abondante, la végétation pastorale très belle, le climat tempéré par l'altitude (1320 à 1450ᵐ) et la culture européenne pourrait y réussir par places ; nous signalerons surtout les environs de l'Aïn Tadjertila qui domine un petit cirque plantureux en partie cultivée par les Indigènes, l'extrémité orientale de la plaine de Missioun qui s'étend à l'Ouest sur le Maroc et le plateau de Mechamech.

Aux abords de Ghar-Rouban (886ᵐ d'altitude), l'érosion des schistes et, en aval, leur mélange avec l'argile, le calcaire et le sable gréseux, ont formé vers le bas des pentes et près des oueds une terre éminemment propre à la culture des légumes, des arbres fruitiers et de vignobles analogues à ceux du Roussillon.

Au dessous des grands massifs forestiers des Beni Bou Saïd, d'étroits vallons arrosés par des eaux vives présentent des jardins d'oliviers, figuiers, grenadiers, abricotiers où la vigne sauvage court d'un arbre à l'autre, s'enlace aux cîmes et retombe en rameaux pendants ; parfois, au bas des versants, une seguia vivifie de petits champs d'orge ou de maïs ;

il en est ainsi principalement aux abords de la koubba et des silos de Sidi-Rahmoun.

Entre les forêts des Beni Bou Saïd et celles du Khemis, s'étend un assez vaste plateau incliné vers l'Est, un ruisseau important le traverse, mais les cultures ne couvrent sur ce point qu'une faible partie du sol arable.

La vallée de l'Oued Khemis, habitée par une population presque entièrement kabyle, présente des traces beaucoup plus nombreuses d'activité agricole.

Depuis Mazzer Foukhani, elle est resserrée entre deux versants nus et escarpés, de nature calcaire, qui se terminent par de grands rochers à pic ; au-dessus de ces rochers, un massif de Chênes ballote couvre le plateau et les pentes des affluents de l'Oued Khemis.

Le fond de la vallée est très étroit, mais, de distance en distance, il a été élargi par de puissants dépôts de travertin remontant à l'époque quaternaire ; sur chacun d'eux, un village kabyle est pittoresquement assis avec sa ceinture de grands jardins où l'olivier, le noyer, l'amandier et l'abricotier, mélangés au frêne et au bétoum qui croissent spontanément, forment des oasis de verdure entre les flancs arides de la montagne ; les plus remarquables sont le hameau de Mazzer Foukhani et le grand village des Beni Achir. Le premier est placé sur une roche de travertin d'où l'Oued Khemis se précipite en cascades sur 50 à 60$^m$ de hauteur ; dans le second, les gourbis en pierre dominés par le minaret de la mosquée et la maison de la Djemâa se groupent au pied d'une cascade secondaire tombant de la montagne et surplombant le lit profondément encaissé de la rivière ; les grands arbres des jardins et les ruisseaux écumants font au village un cadre splendide.

Dans les parties resserrées de la vallée, les eaux de l'Oued courent, claires et rapides, entre des berges couvertes de frênes, bétoums, saules pédicellés, peupliers blancs, et, par places, d'oliviers, de noyers et d'amandiers ; quelques seguias arrosent des champs de maïs, l'orge et le blé sont cultivés au bas des versants, le surplus sert au pacage du petit bétail, moutons et chèvres, et, en dehors de la culture de la vigne sur les pentes les moins abruptes, ne comporte pas une autre utilisation.

3° *Steppes rocailleuses à Stipa* (Alfa). — Eu égard à la constitution orographique et minéralogique précédemment décrite, l'annexe d'El-Aricha présente des nappes d'Alfa très étendues et fort riches, elles occupent environ les deux tiers de sa superficie évaluée en dehors des massifs forestiers.

Les touffes croissent sur un sol calcaire ou fortement mélangé de calcaire et généralement peu affouillable, aussi deviennent-elles chétives sans se décomposer, quand elles sont épuisées par des récoltes fréquentes, ce qui arrive notamment aux abords de Bedeau et de Ras-el Ma.

La région voisine de la Daya El-Ferd est celle qui rappelle le plus la plaine du Chott Chergi, sans toutefois lui être identique, et des exploitations immmodérées y seraient plus dommageables qu'ailleurs à la conservation de la plante.

Les hivers rigoureux et surtout celui de 1890-1891, ont fletri la feuille d'alfa dans les plaines exposées aux vents du Nord et de l'Est. mais quoiqu'ayant beaucoup souffert, les touffes ne semblent pas en danger de périr, car les dégâts se sont produits sur des points qui sont peu ou ne sont pas exploités. En plaine et sur les collines, les peuplements d'alfa sont à peu près purs et présentent. en dehors de cette stipacée, de faibles ressources pastorales ; en montagne, ils sont mélangés de romarin et de graminées accessoires que recherche le bétail.

Les plantes habituellement associées sont les suivantes :

PLANTES ANNUELLES ET VIVACES :

*Thymus ciliatus ; Thymus coloratus ; Thymus algériensis ; Kœleria valesiaca ; Dactylis glomerata ; Avena eriantha ; Avena bromoïdes ; Stipa barbata, Stipa parviflora ; Achillea spithamea ; Onobrychis argentea ; Satvia phlomoïdes ; Sideritis guyoniana ; Veronica rosea ; Anarrhinum fruticosum ; Asterothrix hispanica ; Linum*

*punctactum ; Teucrium pseudo-chamœpytis ; Erucas-*
*trum leucanthum ; Helianthemum ; virgatum, glau-*
*cum, Fontanesii ; Centaurea pubescens ; Carduncellus ;*
*Astragalus ; Narbonensis, Reboudianus, Asphodelus ce-*
*rasiferus ; Bupleurum mauritanicum; Atractylis cespi-*
*tosa, Scorzonera alexandrina ; Carum mauritanicum,*
*Echisum humile ; Rosmanirus officinalis ; Teucrium fru-*
*ticaus ; Passerina virescens ; Santolina squarrosa ; Alys-*
*sum serpillifolium ; Anacylus depressus et Anacyclus*
*pyrethrum (El-Guenteus des Arabes)* : les racines de ces
deux plantes sont récoltées et exportées en Tunisie et dans
l'Inde pour confectionner des masticatoires.

*4° Steppes limoneuses à Armoise (Chich) et à Grami-*
*nées.* — Ainsi que nous l'avons déjà fait remarquer, les
peuplements d'Armoise blanche (chich) sont moins étendus
dans l'annexe d'El-Aricha que sur le versant du Chott-Cher-
gui, où la steppe est moins calcaire ; on les trouve surtout
dans la plaine qui entoure la Daya El-Ferd.

Nous n'avons pas rencontré d'Armoise champêtre ni de
Salsolacées.

Le *lygeum spartum* (Semagh) est peu répandu, il occupe
certaines parties de la Daya.

La steppe limoneuse forme un bon pâturage caractérisé
par les plantes suivantes :

*Plantago albicans ; Poa bulbosa ; Festuca fenas ; Bro-*
*mus rubens ; Hordeum murinum ; Convolvulus lineatus ;*
*Taraxacum officinale ; Onoperdon acaule ; Eryngium*
*campestre ; Centaurea acaulis ; Androsace maxima,* etc

## IV. — Les Habitants.

L'annexe d'El-Aricha comprend trois tribus et un hameau voisin du poste militaire, nous donnons ci-après, pour chacune de ces unités administratives, la population, la richesse en bétail et en charrues ; cette dernière expression s'applique à la surface cultivée avec un attelage pendant la période des labours, elle varie d'une année à l'autre suivant l'avance ou le retard des pluies d'automne qui déterminent le commencement de cette période et peut-être évavaluée en moyenne à 15 hectares dans la région.

| LOCALITÉS ET TRIBUS | POPULATION EN 1891 | | | | | SUPERFICIE en HECTARES | NOMBRE de Maisons et Tentes | NOMBRE D'ANIMAUX | | | | | | | |
| --- | --- | --- | --- | --- | --- | --- | --- | --- | --- | --- | --- | --- | --- | --- | --- |
| | Français | Israélites naturalisés | Indigènes | Etrangers | Total | | | Chevaux | Juments | Mulets | Chameaux | Bœufs | Moutons | Chèvres | CHARRUES cultivées |
| El-Aricha (hameau)....... | 13 | 13 | 101 | 35 | 162 | 23 47 | 14 | » | » | » | » | » | » | » | » |
| Angad ............... | » | » | 1783 | 19 | 1802 | 86.000 (environ) | 336 | 59 | 114 | 5 | 522 | 586 | 24367 | 9163 | 107.44 |
| Oulad En-Nehar Cheraga. | » | » | 1366 | 11 | 1377 | 220.000 (environ) | 255 | 35 | 77 | » | 533 | 589 | 12377 | 7750 | 61.40 |
| Oulad En-Nehar Gharaba. | » | » | 1503 | 285 | 1788 | 220.000 (environ) | 249 | 19 | 60 | 1 | 164 | 595 | 11518 | 8278 | 53.31 |
| Totaux........ | 13 | 13 | 4753 | 350 | 5129 | 306.000 (environ) | 854 | 113 | 251 | 6 | 1219 | 1770 | 48263 | 25194 | 222.15 Soit 222 |

EUROPÉENS. — La population européenne comprend à El-Aricha, 13 français, 13 israélites naturalisés et 35 étrangers presque tous espagnols, elle se compose de cantiniers et de petits commerçants attirés par la garnison ; dans le surplus de l'annexe elle compte 315 espagnols vivant de la manipulation ou du transport de l'Alfa.

Aucun européen ne se livre à la culture.

INDIGÈNES. — Les indigènes ne sont qu'à demi-nomades, ils cultivent des terres d'étendue médiocre et de qualité moyenne chez les Oulad En Nehar, plus importantes et plus fertiles chez les Angad et se déplacent, dans un rayon assez restreint, pour faire pâturer successivement le bétail dans les différentes parties du terrain de parcours.

Au printemps, les Angad conduisent leurs troupeaux aux Chotts, les Oulad En-Nehar plus rarement car ils jouissent de la Daya El-Ferd ; cependant quand l'hiver est rigoureux, ils vont s'installer, les Angad au Chott Chergui, les Oulad En-Nehar au Chott Rarbi ; les années ordinaires, ils passent l'hiver sur la lisière sud de leurs territoires, dans le voisinage des points d'eau.

Leurs mechetas sont voisines des terres culture, ils y campent à l'époque des labours et des moissons.

Chaque année les Angad et les Oulad En-Nehar Cheraga vont commencer dans les oasis du Gourara ; le nombre de chameaux emmenés par les caravanes varie mais il est en moyenne de 150, transportant, à l'aller et au retour, 22 à 25 tonnes de marchandises. Les denrées d'exportation et d'importation sont celles que nous avons indiquées dans notre mémoire du 20 février 1891.

Les Ouled En-Nehar Gharaba, tribu de marabouts, croiraient déroger en se livrant au commerce et aiment mieux percevoir les aumônes de leurs coreligionnaires.

# V

## Les ressources naturelles.

### FORÊTS, CULTURES, ALFA, PATURAGE

D'après leur importance actuelle, les ressources naturelles sont le pâturage, la récolte de l'Alfa et la culture, mais on pourrait y joindre l'exploitation des forêts ; nous allons reprendre dans l'ordre inverse, ces divers modes d'utilisation des produits du sol.

1° FORÊTS. — Le massif des Angad contient 22 à 25,000 hectares, dont 8,000 environ (Djebel Ouargla) sont gérés par le Service forestier ; comme on applique le sénatus-consulte sur le territoire des Angad, la délimitation des forêts y est en voie d'exécution.

Le peuplement se compose de Chênes ballotte et accessoirement, près de l'Aïn-Misseguenine, des pins d'Alep, les uns et les autres bien venants ; la pente et les sommets du Djebel Ouargla sont garnis d'Alfa et de broussailles.

Une bande forestière d'environ 250 hectares couvre les hauteurs qui limitent la tribu des Oulad En-Nehar le long du territoire de Sebdou.

Le massif principal des Oulad En-Nehar est présumé con-
En dehors de l'annexe d'El-Aricha, les forêts des Beni bou Saïd, autrefois gérées et mêmes exploitées en partie par l'Administration des forêts, comprennent au minimum 13,000 hectares ; celles du Khemis, 20 à 23,000 ; les unes et les autres constituent un massif complet dont nous avons indiqué le peuplement au chapitre III.

La plupart de ces forêts ne sauraient actuellement être mises en valeur vu le peu d'importance de la population européenne et le manque de chemins viables. Cependant, des exploitations seraient dès maintenant praticables dans la partie Ouest du massif des Angad et, dans celui des Oulad En Nehar, aux environs de Sidi Djilali ; les premières, pour fournir un excellent charbon au commerce ; les autres, pour approvisionner la garnison d'El-Aricha ; des coupes régulières bien exploitées et bien gardées, régénèreraient sur ces points le massif sans l'appauvrir.

tenir 32,000 hectares, la moitié environ de cette surface présente de beaux peuplements d'Oxycèdres qui dépérissent par suite des hivers rigoureux.

L'autorité militaire estime que les bois s'étendent sur 10,000 hectares au Djebel Sidi El Habed, sur 400 hectares au Mekaïdou et sur 400 hectares à Ouezzan, mais ces cantons ne présentent que des peuplements clairsemés de venue médiocre

Des coupes analogues destinées à l'approvisionnement de Marnia pourraient se faire aux abords de Ghar Rouban.

A défaut d'ouvriers indigènes de la région, on trouverait en abondance des bûcherons marocains qui se rendent déjà adjudicataires de la plupart des coupes dans l'arrondissement de Tlemcen.

2° CULTURES AGRICOLES. — La culture européenne est installée à la ferme Senac ; dans la plaine voisine de Bedeau, les céréales y sont cultivées avec succès et la vigne, récemment plantée, semble devoir y prospérer.

L'annexe d'El-Aricha ne présente que des labours indigènes ; bien qu'importants au point de vue des habitudes arabes, ils sont loin de porter sur tous les terrains susceptibles de culture.

La région d'El-Ghor et de Misseguenine est la plus fertile : la terre y est argilo-calcaire de bonne qualité, l'eau est abondante à Misseguenine et dans les puits d'El-Ghor, l'altitude élevée et le voisinage des hauteurs boisées y entretiennent une fraîcheur suffisante pour introduire la culture européenne. Si elle venait à s'implanter sur ce point, il serait indispensable de laisser aux indigènes le libre accès de la source, des puits et d'y ménager une réserve pour leurs troupeaux.

Le surplus du territoire des Angad et celui des Oulad El-

Nehar ne semblent comporter que la culture indigène, sauf sur des parcelles trop peu étendues pour permettre la création d'un village, cependant auprès de la pépinière de Kersauta, située à 11 kilomètres au Sud-Ouest de Bedeau, sur la route d'El-Aricha, le sol parait fertile, l'eau des puits est à une faible profondeur et il y aurait intérêt à cultiver avec des instruments agricoles moins primitifs que ceux des indigènes, l'orge et les plantes fourragères notamment le sainfoin dont une espèce (*Onobrychis argentea*) est spontanée dans la région et abondante autour du point signalé. Si les essais réussissaient, comme on peut l'espérer, peut-être pourrait-on installer un hameau sur ce point.

Des essais de cultures peuvent aussi être tentés près du poste-abri d'El-Aouedj, à l'extrémité Ouest de la daya El-Ferd mais avec moins de chances de succès.

Ils seraient plus aléatoires encore autour de Taerziza car le sol y est moins fertile et il faut choisir un bon terrain pour compenser les causes d'insuccès dues à la sécheresse du climait et aux brusques variations de la température.

Dans notre mémoire du 20 février 1891, nous avons indiqué plusieurs mesures qui sembleraient opportunes en vue de développer et d'améliorer la culture indigène sur les hauts plateaux situés dans le bassin du Chott Chergui ; les tribus des Angad et des Oulad En-Nehar se trouvant dans des conditions un peu différentes, nous allons reprendre l'exposé de ces mesures en signalant celles qui convient de ne pas appliquer ou de n'appliquer qu'en partie dans l'annexe d'El-Aricha :

1° Renoncer à constituer la propriété individuelle. Cette renonciation serait justifiée sur le territoire des Oulad En-Nehar et dans la partie Sud de celui des Angad ; mais non dans la partie Nord de ce dernier, formant le douar des Oulad Ali bel Hamel, car la culture européenne pourrait y réussir sur de vastes surfaces ne servant actuellement qu'au pâturage ;

2° Diminuer l'achour pour tenir compte du produit mini-

**CARTE**
de la Région Nord-Ouest
des hauts Plateaux oranais

Echelle de 1 à 400.000

Oran, le 16 Juin 1891.
Le Commandant du Génie

TLEMCEN

M

R

I

V

O

O

C

Plateaux d'Alfa

Plateaux d'Alfa

El Mergueb

El Rdir

Plateaux d'Alfa

Plaine d'Alfa

EL ARICHA

SEBDOU

MAGENTA

DAYA

BAGDAD

Route de Bel Abbès

LALLA MARNIA

Kersouta

Kersaya El Rdir

Chemin d'El Kazdir

Oued Messailes

El Archba

Chemin de Bou Guerri par El Aicuch

me de la terre et pour encourager les indigènes à augmenter leurs cultures. Cette réduction présenterait un intérêt médiocre dans une région où les indigènes ont déjà des labours relativement importants ; de plus, la quotité de l'impôt dépend du classement des terres et l'autorité locale le détermine en se préoccupant du faible rendement ;

3° Construire sur la mecheta un bâtiment sommaire et y déposer le matériel agricole qui deviendrait progressivement moins imparfait ; y installer en permanence un gardien et sa famille. Cette mesure nous paraîtrait utile et praticable dans l'annexe d'El-Aricha ;

4° Sur quelques mechetas, délivrer aux indigènes des pommes de terre et des fèves au moment de la plantation, contre engagement de rendre à la récolte les semences prêtées ou d'en solder le prix, fixé au moment du prêt. Il conviendrait d'agir ainsi dans la partie Nord des Angad et sur quelques points du territoire des Oulad En Nehar, notamment à Sidi Djilali.

3° RÉCOLTE ET TRANSPORT DE L'ALFA. — La zone où l'on exploite l'Alfa a pour limites :

Au Nord, une ligne partant d'El-Aouedj pour aboutir à la voie ferrée, à 5 kilomètres au Nord-Ouest de Bedeau ; à l'Est la la ligne de Bedeau au Djebel Beguira ; au Sud la ligne de partage entre les eaux du Chott Chergui et celles de la Daya El-Ferd ; à l'Ouest de la route d'El-Aricha à Sebdou jusqu'à El-Aouedj, moins un secteur d'un rayon de 9 kilomètres environ à partir d'El-Aricha, entre les routes qui conduisent à Bedeau et à Sebdou.

En dehors de ce polygone, l'Alfa est exploité dans la forêt du Djebel Ouargla, un chantier peu important s'installe parfois à Bou-El-Ariz non loin du Marabout de Sidi-Yahia pour y récolter l'Alfa de sparterie et les Hamyan amènent aux bascules des chargements récoltés çà et là sur le versant des Chotts.

Le croquis ci-joint donne l'emplacement des chantiers.

En dehors du Djebel Ouargla, amodié par adjudication publique, il s'installe dans l'annexe, par année moyenne, 50 à 60 bascules expédiant au total 30 à 40,000 tonnes d'Alfa, chaque bascule verse à la caisse municipale une redevance de 500 francs ; l'Alfa est récolté par les indigènes seuls, manipulé sur les chantiers et expédié par des Espagnols.

L'exploitation est d'autant plus intense que l'on se rapproche de Bedeau et de Ras-el-Ma, gare terminus du chemin de fer exclusivement réservée au chargement des Alfas, cependant les éhantiers secondaires d'El-Aouedj et de Bou-Hariz (ce dernier intermittent) transportent par voitures leurs produits à Tlemcen.

L'Alfa est dégradé sur quelques centaines de mètres autour de chaque groupe de bascules, ces vides sont peu importants dans l'ensemble d'un peuplement fort riche et l'épuisement ne devient dangereux que quand il porte sur le rayon d'approvisionnement (6 kilomètres environ autour des chantiers).

A ce point de vue l'on peut distinguer trois zones d'après le degré d'approvisionnement dû à la continuité plus ou moins grande des exploitations.

La première comprend, près de Ras-El-Ma les chantiers de Bel-Horia et de Keraker et, sur la route de Bedeau à Sebdou, celui d'Aïn-Gorea ; les Alfas y sont fatigués par une exploitation annuelle déjà ancienne, on y trouve rarement des touffes mortes, mais fréquemment des touffes anemiées dont la croissance est fort maigre, les hampes florales font défaut ou sont très disséminées ; le peuplement a besoin d'un repos de deux années consécutives pour reprendre un peu de vigueur.

La seconde zone, un peu plus éloignée des chemins de fer, présente les chantiers de Souaredj et d'Aïn-Gorea, près de la route de Bedeau à El-Ghor, celui de Garat Rachoi, entre cette route et celle de Bedeau à El-Aricha, ceux de Kersouta, Hassi-ben-Dahman, Ouazzen, Taërziza sur cette dernière ou dans son voisinage.

L'Alfa y est moins affaibli que dans la zone précédente,

mais il commence à se ressentir d'une exploitation prolongée, si la mise en défens de la première zone fait refluer sur la seconde une partie des chantiers temporairement interdits, il sera nécessaire d'interrompre l'exploitation sur la totalité de cette dernière ou tout au moins, après reconnaissance préalable par le chef de l'annexe, sur les chantiers qui auront le plus souffert ; cette interruption pourrait durer deux années à compter de la réouverture de l'exploitation dans la première zone.

La 3ᵉ zone comprend, dans la plaine voisine de la daya, les chantiers d'El-Aoued, Oglat Djedida, M'Riter Raïn, près de Sidi-Yahia celui de Bou-Hariz ; aux abords de la route d'El-Aricha à Bedeau ceux de Kerbaya et de Sidi-Yahia bel Hadj : les alfas, exploités depuis moins longtemps, y sont de belle venue, présentent beaucoup de hampes florales et peuvent continuer à être récoltés sans interruption pendant quelques années.

L'interdiction temporaire de récolte dans la première zone ne nous semble pas présenter un degré d'urgence tel qu'il soit nécessaire de la prononcer à partir de 1891, au risque de troubler profondément les habitudes du commerce local par une mesure radicale et imprévue, nous avons demandé en conséquence qu'elle fut appliquée seulement en 1892 et 1893.

En dehors des trois zones en exploitation, les peuplements d'alfa de l'annexe sont très étendus et très complets, les touffes y sont vierges, vigoureuses, garnies de fleurs et susceptibles d'être exploitées avec avantages, elles peuvent fournir des récoltes qui compenseraient, et bien au-delà, celles des zones à mettre successivement en défens.

Les causes secondaires de destruction signalées dans notre mémoire du 20 février 1891 existent dans l'annexe d'El-Aricha ; mais elles y occasionnent moins de dommages que dans la plaine du Chott Chergui où l'on rencontre des nappes moins denses, moins étendues et un sol beaucoup plus affouillable ; la dégradation ou l'arrachis des touffes autour des chantiers espagnols et des campements de glaneurs arabes doivent cependant être évités le plus possible car le sol pierreux débarrsssé de l'alfa qui le couvrait demeure à peu près stérile et offre très peu de ressources au pâturage ; il en est de même dans un rayon de 2 kilomètres environ autour d'El-Aricha.

Le remplacement de la bascule par la balance à fléan augmenterait, dans les chantiers, les garanties de pesée loyale et supprimerait des abus criants, cependant, pour éviter aux alfatiers la mise au rebut d'un outillage coûteux, il conviendrait de n'imposer cette substitution qu'à ceux qui auraient encouru des condamnation pour tromperie sur le poids ; l'autorité militaire procéderait à des vérifications fréquentes et interdirait l'accès des chantiers, sans préjudice des poursuites intentées aux indigènes convaincus d'avoir mis des pierres dans leurs bottes d'alfa.

Pour empêcher la dénudation de s'étendre autour du poste militaire, il y aurait lieu de prendre les mesures indiquées dans notre mémoire du 20 février 1891, à la fin du chapitre V.

Un groupe d'industriels a sollicité, pour un grand nombre d'années, le privilège exclusif de récolter l'alfa dans l'annexe d'El-Aricha en payant une indemnité annuelle de location, mais il nous semble préférable soit de maintenir le statuquo, soit de diviser la région alfatière en lots qui seraient amodiés à court terme, suivant que l'autorité locale estimera l'un ou l'autre mode plus avantageux.

Cette appréciation s'appuie sur les motifs suivants :

1° On ne saurait prévoir. à longue échéance, le rendement en matière et en argent d'un produit qui cesse d'être industriellement exploitable après un certain nombre de récoltes annuelles faites sur le même point et qui, en 15 ans, a vu son prix baisser de 140 à 70 fr. par tonne rendue à quai sur le port d'Oran ; si le prix actuel se soutient ou même augmente. supposition très aléatoire et si une société le juge suffisamment rémunérateur, on peut s'attendre à une période de surproduction suivie d'une décroissance qui

s'accentuera avec le temps et laissera, bien avent la fin de
la concession, la société en perte et le terrain en friche.

La première conséquence ne préjudiciant qu'aux pétitionnaires et à leurs associés, ils peuvent l'écarter et passer
outre, mais la seconde intéresse à un haut degré les habitants de la région car ils seraient privés des salaires que
leur procure l'exploitation de l'Alfa ; d'autre part, le terrain
occupé par cette stipacée est très peu apte, dans l'annexe
d'El-Aricha, à se couvrir de plantes fourragères et il deviendrait à peu près stérile au point de vue pastoral.

2° Une Société monopolisant la récolte de l'Alfa sur un
vaste territoire exploiterait directement ou par des sous-
traitants qui, probablement, revendraient eux-mêmes le
droit d'exploiter à de simples chefs de chantiers ; dans le
premier cas elle aurait besoin de nombreux agents dont la
rétribution viendrait s'ajouter aux frais actuels, dans le second elle ferait intervenir entre la commune propriétaire et
le petit exploitant un ou plusieurs intermédiaires dont le rôle
serait à la fois inutile et onéreux ; dans les deux hypothèses
l'augmentation de la dépense serait prélevée sur le salaire
des ouvriers espagnols ou indigènes avec d'autant plus de
facilité que les concessionnaires n'auraient point à subir la
concurrence de chantiers indépendants ;

3° Si l'on veut empêcher la disparition de l'Alfa, il est
nécessaire d'interrompre, sur certains points, sa récolte pendant plusieurs années, il est d'ailleurs impossible de prévoir
et de fixer d'avance, pour une longue période, la situation
et l'étendue des peuplements à préserver, l'époque et la
durée de leur mise en défens ; l'obligation de jouir en bon
père de famille pourrait figurer au décret de concession
mais elle serait trop vague pour ne pas prêter à discussion
quand l'autorité administrative voudrait la traduire par une
interdiction temporaire de récolte ; une société financière
accepterait difficilement de s'en remettre sur ce point au
bon vouloir de l'administration, elle contesterait à cette dernière son droit ou tout au moins sa manière d'en user en

sorte que l'on aurait à prévoir des réclamations, des demandes d'indemnités ou même des procès ;

4° PATURAGE. — Sur l'annexe d'El-Aricha, le pâturage est bon dans la steppe limoneuse, passable dans les montagnes couvertes d'Alfa et de broussailles, pauvre dans les nappes d'Alfa pur et dans les massifs de forêts.

Les indigènes, surtout au Nord du territoire des Angad, cultivent plus de terres que ceux des tribus riveraines du Chott Chergui, mais leurs labours sont minimes par rapport à l'étendue des terrains de parcours et l'élevage du bétail est leur principal moyen d'existence.

Pour 4,753 individus répartis entre 840 tentes, ils possèdent 113 chevaux, 254 juments, 6 mulets 1,219 chameaux, 1,770 animaux de race bovine, 48,263 moutons et 25,194 chèvres. Leur commerce en bétail porte principalement sur les bœufs et les moutons.

Ils ont beaucoup de chèvres, 52 0/0 du nombre des bêtes ovines.

Notre mémoire du 20 février 1891 a indiqué dans quelle mesure l'Alfa servait à nourrir les différentes espèces d'animaux. nous devons ajouter que la plupart en recherchent les jeunes feuilles qui ont poussé après l'incinération ou l'exploitation des touffes mais, même en tenant compte de ce fait, l'Alfa ne constitue qu'un accessoire de leur alimentation, elle est due surtout à des plantes surtout plus petites mais plus savoureuses dont voici les principales :

ESPÈCES VIVACES : Les *Helianthemes*, très nombreux ; *Onobrychis argentea ; Koeleria valesiaca, poa bulbosa ; Dactylis glomerata ; Astragales ; Asphodèles Leontodon, Leuzea ; Plantago albicans.*

ESPÈCES ANNUELLES : *Bromus, Crepis ; Alysum Erucastrum* et autres crucifères ; *Xeranthemum, Linum.*

Les plantes annuelles ne persistent que pendant 6 à 7 mois de l'année.

Les bestiaux de l'annexe trouvent encore, à la fin de l'été, quelques ressources dans la montagne et sur les chaumes des terres moissonnées, mais leur multiplication est surtout arrêtée par les rigueurs de l'hiver. On augmenterait ces ressources en semant avec les céréales du sainfoin qui serait coupé annuellement, séché et mis jusqu'à la saison des neiges dans des silos ou dans des fossés recouverts de terre ; les uns et les autres étant préservés de l'humidité.

# VI

## Les améliorations.

Au cours du précédent chapitre, nous avons indiqué certaines améliorations de détail ; d'antres, plus importantes, nécessiteraient l'emploi des fonds de l'Etat et nous allons les passer en revue dans les quatre zones naturelles constituées par les forêts, les peuplements d'alfa, les cultures et les pâturages.

Zone forestière. — Le tiers de la forêt domaniale des Angad est soumis depuis 1844 à la gestion du Service forestier ; après la délimitation en cours, il conviendrait d'y joindre le surplus qui est susceptible d'exploitation immédiate dans sa partie Nord-Ouest, contiguë aux territoirer des Oulad Ousiach et des Beni Smiel (commune mixte de Sebdou). La portion principale de la forêt des Beni Smiel est déjà en exploitation mais, comme elle se trouve fort éloignée de Lamoricière où réside le garde ; il y aurait à construire une maison forestière à quatre logements, trois pour des préposés français, un pour un préposé indigène ; près du point d'eau de Misseguenine, cette construction et la création d'une seule garderie nouvelle, justifiée par l'augmentation de la contenance à surveiller, permettrait de garder efficacement un massif boisé d'environ 32,000 hectares formant un seul tenant sur les territoires des Angad et des Beni Smiel.

L'intérêt public motiverait la délimitation provisoire et la remise au Service forestier de la forêt domaniale des Oulad En-Nehar dont il importe de conserver et d'améliorer le peuplement ; les arbres morts abondent spécialement dans la région de Sidi Djilali et l'on pourrait y faire exploiter à 45 kilom. d'El-Aricha, le bois de chauffage nécessaire à l'approvisionnement du poste, un ou deux gardes français et un garde indigène, installés sur ce point, surveilleraient l'exploitation et le façonnage en régie du bois de feu et du charbon par des ouvriers marocains, une portion de la forêt serait ainsi mise en valeur et améliorée par le recépage, sans troubler les indigènes qui sont peu nombreux dans la région et qui disposent de vastes terrains de parcours ; malgré la proximité du Maroc et des maraudeurs de frontière, les gardes seraient en sûreté si l'administration des forêts leur faisait construire une maison, avec cour fermée et si l'on installait auprès d'eux une tente de gardien indigène, sur d'autres points en effet, des préposés forestiers se sont construit, en pays arabe et sur leurs triages des gourbis qu'ils habitent à 25, 30 et même 65 kilom. du centre européen le plus proche ; ils y font leur service, vivent en paix avec les indigènes et ne tentent point les maraudeurs qui s'exposeraient à récolter plus de balles que de butin.

Leur sécurité serait complète si l'autorité militaire jugeant opportun d'assurer les communications entre El-Aricha et Ghar-Rouban, se déterminait à construire près de Sidi-Dji-lali un poste abri occupé en permanence par 4 ou 5 soldats, mais cette mesure ne serait pas indispensable à l'installation des gardes.

Le massif domanial des Beni-bou-Saïd a été autrefois géré par le service des forêts qui avait à Ghar-Rouban un garde général et plusieurs préposés, la surveillance portait sur quatre cantons formant ensemble 13,028 hectares et l'un d'entre eux était exploité au profit de la Société minière de Ghar Rouban (1853 à 1867), mais cette dernière a fait faillite ; exploitation de bois, extraction de minerais, galeries, bâtiments, machines, maisons des employés et des ouvriers, tout a été abandonné ; quelques douaniers, trois familles d'anciens ouvriers espagnols et une trentaine de soldats relevés tous les mois, bivouaquent dans les ruines qui couvrent le flanc des ravins.

Un arrêté gouvernemental du 22 décembre 1870 a remis à l'autorité militaire la gestion temporaire de la forêt domaniale des Beni bou-Saïd. Elle couvre à des altitudes variant de 800 à 1,600 mètres des montagnes de calcaire jurassique

dominées çà et là par des roches de grés et, à la partie inférieure, des montagnes constituées par le schiste de Ghar
Rouban ; les sommets sont couverts de belles forêts de
Chêne ballotte avec du Genèvrier oxycèdre et quelques Chênes
liège en mélange, le bas des pentes présente un taillis
d'Olivier, Lentisque, Thuya, Philarea, Chêne ballotte et Chêne
kermès, le tout bien venant sauf aux abords de Ghar Rouban
où se trouvent des pentes dénudées par places et un taillis
dégradé, un peu par les iudigènes, beaucoup plus par les
espagnols qui coupent ou arrachent du bois et font ensuite
pacager leurs chêvres.

La présence de deux gardes français et d'un garde indigène permettrait d'arrêter ces abus et de subvenir aux besoins en bois de feu et en charbon, non seulement du petit
poste militaire et des rares habitants de la région, mais de
Marnia et même d'Oudjda par des coupes régulières qui,
étant gardées, régénéreraient le massif sans l'appauvrir.

La sécurité des préposés forestiers ne serait pas plus com-
promise que celle des quelques douaniers (un brigadier
français, 2 préposés indigènes) qui résident à Ghar-Rouban,
leur alimentation pourrait être facilitée par la location et la
mise en valeur de trois hectares à prélever sur les jardins
autrefois fertiles, mais aujourd'hui en friche qui entourent
la localité ; une eau abondante permet d'ailleurs d'y cultiver
sans mécompte céréales, légumes, vignes, arbres fruitiers
et, si le terrain n'était pas concédé à une Compagnie minière qui n'en tire aucun profit, *Ghar-Rouban pourrait
devenir un centre vinicole très prospère ayant comme
ressource accessoire l'exploitation des forêts et des mines.*

Nous n'avons pu visiter la région forestière du Djebel
Sidi-el-Habed, mais il n'y a pas lieu d'y engager des frais
de recépage et de surveillance vu le peu de consistance des
boisements et leur isolement près de la frontière marocaine.

A Ouezzan, le recépage du taillis dépérissant raviverait sa
végétation, mais comme on ne peut faire garder un peuplement clairiéré et isolé d'aussi faible importance, les jeu-

nes rejets seraient dévorés par le bétail et il vaut mieux ne rien entreprendre ; il convient cependant de ne pas laisser exploiter de bois vif et de tenir la main à ce que les indigènes glaneurs d'Alfa et les espagnols occupés dans les chantiers voisins coupent nettement et près de terre le bois mort nécessaire à leurs foyers.

Au Djebel Mekaïdou, le terrain forestier est mis en défens et les rejets des cépées de Chêne ballotte exploitées de 1888 à 1890 n'ont pas souffert de la dent du bétail, cette opération, qui procure de menus bois à la garnison d'El-Aricha, peut donc être continuée.

Elle a été pratiquée jusqu'à présent en vue de favoriser la croissance des sujets conservés en grand nombre sur chaque touffe de bois, mais, en réalité, ces chétives réserves n'en profitent pas et l'amélioration consiste dans le rajeunissement des brins recépés, il convient donc de ne pas multiplier autant les réserves, d'en laisser par cépée une ou deux pour constituer plus tard des portes-graines et d'exploiter rez-terre le surplus, quant aux pins d'Alep il y a lieu de couper ceux qui seraient morts sur pied mais de respecter tous les autres, sans les ébrancher.

Il ne reste pas trace des essais de reboisement par semis tentés il y a quelques années.

On les renouvellerait avec beaucoup plus de chances de succès en se conformant aux indications suivantes :

Choisir vers le bas du versant Nord, un terrain assez profond et médiocrement pierreux, sur un point où se trouve déjà un boisement disséminé, s'attacher plutôt à compléter ce dernier qu'à garnir des parcelles rocailleuses et dépourvues de bois.

Sur la surface à repeupler, préparer des bandes horizontales de 0m 40 à 0m 45 de largeur, piochées à une profondeur égale et distantes de 2m à 2m 50 d'axe en axe.

Y semer par hectare superficiel 5 kil. de graines de Pin d'Alep au 150 kil. de glands de Chêne ballotte en alternant les bandes de pin et de Chêne si l'on dispose des deux semences en proportion convenable ; couvrir à peine de terre les premières et enfoncer les glands à 0m 05 ou 0m 06.

Etablir en un point abrité des vents non loin du poste optique, une pépinière de 2 ares défoncée sur 0m 45 de profondeur, y semer, sur un are chaque année, des graines de pin d'Alep dont les plants seraient extraits à 2 ans en vue de regarnir, par touffes de 2 ou 3 brins placées à 2m l'une de l'autre, les bandes ou portions de bandes où le semis n'aura pas réussi.

Pendant l'année qui suit le semis, faire biner à l'automne les bandes ensemencées et effectuer les regarnis dont il vient d'être fait mention, agir de même l'année suivante et, s'il y a lieu, la 3e année, sarcler en outre, au mois de mai, les herbes qui auront crû sur les bandes ou à proximité.

N'entreprendre aucun semis nouveau sans avoir préalablement complété les vides des reboisements antérieurs.

Pendant les premières années, ne pas se préoccuper de la surabondance des plants en craignant qu'ils ne s'affament car l'essentiel est qu'ils couvrent d'abord le sol et, par leur tapis serré, résistent à l'envahissement des herbes, à la gelée et à la sécheresse, les branches basses des jeunes pins isolés produisent le même résultat et doivent être soigneusement conservées, leur coupe est d'ailleurs nuisible à l'arbre à un moment quelconque de sa croissance.

Au mois de mai de la 4e année, recéper les jeunes Chênes, à 2 ou 3 centimètres du sol. Cette opération provoque l'éclosion de rejets vigoureux, l'un d'eux prend le dessus et domine, dès sa première ou sa seconde pousse, les plants non recépés.

A partir de la sixième année, couper les sujets (Pins et Chênes) qui seraient dominés, rabougris ou dépérissants, mais en maintenant le couvert complet ; renouveler ensuite ce nettoiement dans les Pins, tous les 4 ou 5 ans, de manière à réaliser ce double objectif : desserrer les brins les mieux venants pour activer leur croissance qui est proportionnelle au développement de leurs organes verts, mais éviter d'exposer le terrain aux rayons du soleil : la tête dans la lumière, les pieds dans l'ombre, les racines dans un sol maintenu meuble et frais, au début par des binages, plus tard par le couvert des sujets voisins et par l'humus provenant des feuilles tombées, telles sont les conditions qui assurent une végétation prospère au jeune plant forestier.

Dans une région à climat extrême, rien ne serait fait si l'on se bornait à semer des glands ou des graines de Pin pour les abandonner ensuite ; on n'obtiendra de réussite que par les travaux ultérieurs de regarni et d'entretien précédemment énumérés.

Malheureusement, les officiers qui entreprennent un reboisement changent trop souvent pour donner au semis les soins qu'il réclame et, tout naturellement, leurs successeurs aiment mieux faire œuvre nouvelle que d'améliorer et de mener à bien les travaux de leurs devanciers ; cette dernière tâche est plus modeste, mais c'est seulement en s'y astreignant qu'ils pourront montrer des résultats.

ZONE ALFATIÈRE. — Les peuplements d'Alfa sont surtout épuisés à proximité du chemin de fer, par suite du mauvais état des routes de Bedeau à El-Archa et à Sebdou, la première sur 30 kilomètres environ, la seconde entre Bedeau et l'extrémité ouest de la forêt du Djebel Ouargla.

La mise en état de viabilité de ces chemins diminuerait considérablement les frais de transport par charrettes, permettrait aux alfatiers de continuer leur exploitation en se reportant vers l'ouest quand la zone orientale sera temporairement interdite à la récolte ; elle fournirait au commerce des Alfas de choix provenant de nappes très riches qui, jusqu'à présent, n'ont pas été ou ont été peu exploitées ; tous les intéressés y trouveraient leur compte : l'annexe qui ne verrait pas réduire le nombre de chantiers et par conséquent le montant des redevances, l'industrie des transports par chemin de fer et par voitures, les commerçants, les nombreux ouvriers employés à la cueillette et à la manipulation de l'Alfa, le mouvement du port d'Oran et l'exportation.

La route qu'il serait le plus urgent d'améliorer est celle de Bedeau à El-Aricha, car elle traverse une région riche en Alfa et en points d'eau ; elle sert en outre à approvisionner le centre et la garnison d'El-Aricha.

Une subvention du Département serait nécessaire pour établir des fossés, bomber et empierrer la voie.

Elle pourrait être constamment entretenue au moyen des ressources suivantes :

1° Un prélèvement à déterminer sur le produit de la location des chantiers servirait à faire transporter sur place les matériaux d'entretien.

2° Les Indigènes qui exploitent l'Alfa fourniraient par famille deux journées de prestation pour curer les ornières, casser la pierre et l'employer sour la direction de surveillants militaires.

3° Chaque chef de chantier desservi par la route fournirait, dans le même but, autant de journées de prestations qu'il y a d'hommes employés habituellement à la manipulation de l'Alfa.

4° Ces deux dernières mesures pourraient être appliquées sur les chantiers qui utilisent la route d'El-Aricha à Sebdou et les prestations seraient employées à réparer les dégradations résultant de leurs transports.

Zone agricole. — Nous avons fait connaître la situation et l'importance des parties cultivées ou cultivables de la région parcourue.

Le centre de Bedeau et une une portion du douar des Oulad Ali-bel-Hamel nous paraissent seuls comporter la culture européenne, car on ne peut songer à créer des hameaux français dans les montagnes des Oulad En-Nehar ou des Beni-bou-Saïd.

Ghar-Rouban serait susceptible de devenir un centre vinicole d'avenir.

La culture du Pistachier devrait être introduite dans la vallée de l'Oued Khemis, on procéderait par semis et aussi par greffes sur le pistachier de l'Atlas qui est très abondant et très beau dans le pays.

Des essais de culture européenne pourraient être tentés à Kersouta.

Partout ailleurs on doit tendre à améliorer peu à peu les procédés de la culture indigène ; les essais de nouvelles cultures, sainfoin, pommes de terre. fèves, topinambour, etc., doivent être tentés sur de petites surfaces choisies dans des conditions favorables au succès ; il faut non les imposer, mais les suggérer aux Arabes les plus intelligents, à ceux sur lesquels l'administration a le plus d'action et les leur faciliter ; en cas de réussite ils trouveront leur intérêt à les étendre et auront des imitateurs.

Les plantations des hautes tiges effectuées par l'autorité militaire auprès d'El-Aricha, des postes abri de Taërziza, Kerbaya, El-Aouedj et des puits de Kersouta sont complètement en dehors de la région forestière, elles ont pour objet de créer, dans la plaine nue, de petits bouquets d'arbres fournissant leur ombrage tant à la garnison d'El-Aricha qu'auv militaires, alfatiers ou indigènes se rendant de cette localité à Bedeau et à Sebdou.

A Kersouta la plantation, très réussie dans l'ensemble, comprend des peupliers blancs (improprement appelés trembles) de très belle venue. des peupliers d'Italie de végétation moins vigoureuse, mais cependant assez belle et quelque Ailantes mal venants. On pourrait y associer avec grandes chances de succès le Robinier (Acacia de France), le Frêne de l'Atlas, l'Orme, le Micocoulier et le Bétoum.

A Taërziza, la plantation, assez belle dans l'ensemble, comprend des Peupliers blancs très vigoureux, des Saules de Babylone médiocrement venants, quelques Mûriers et quelques Frênes de belle venue, les derniers surtout.

Essences à y associer : Robinier, Orme Micocoulier.

A Kerbaya, la plantation de réussite très médiocre, comprend des Gleditschias secs en tiges, mais repoussant du pied, des Peupliers d'Italie morts pour la plupart et des Robiniers récemment plantés qui paraissent devoir reprendre, On pourrait leur associer le Peuplier blanc.

A El-Aricha, des plantations déjà anciennes ont fourni, dans le jardin de MM. les officiers de la garnison, plusieurs arbres d'une végétation remarquable ; d'autres ont été effec tuées plus récemment. les unes par le service du Génie, les autres par M. le Commandant de l'annexe, ces dernières sur une surface importante.

Les essences les mieux venantes sont, parmi les arbres d'agrément, le Frêne, le Peuplier blanc, le Robinier et accessoirement le Mûrier, l'Orme et le Gleditschia ; parmi les arbres fruitiers, le Coignassier, le Poirier, le Pommier, le Prunier.

Le Cyprès horizontal et le Pin d'Alep sont mal venants ; l'Amandier voit sa croissance entravée par la rigueur de l'hiver et il est attaqué par les pucerons ; le Faux poivrier et l'Olivier n'ont pu s'accomoder au climat.

Le Rosier pousse vigoureusement et donne des fleurs abondantes quand il est abrité des vents du Nord et de l'Ouest.

Il y a lieu de n'employer qu'en petites quantités le Peuplier d'Italie, de renoncer au Châtaignier qui demande un sol frais et siliceux, et aux essences suivantes, qui ne conviennent pas au climat : Olivier, Noyer, Faux poivrier, Ailante, Melia, Cyprès, Thuya.

Les sujets de haute tige expédiés de loin risquent d'être plantés quand leurs racines sont flétries ; ils sont d'une reprise difficile et occasionnent de grands frais. Il serait préférable de créer à El-Aricha une pépinière de 3 ou 4 ares où l'on élèverait :

1° Des pins d'Alep à planter à deux ans par touffes de trois sujets, dans des potets piochés à 0ᵐ 45 de profondeur, car cette essence peut réussir beaucoup mieux en massifs de basses tiges que par pieds isolés de hautes tiges.

2° Comme fruitiers, le Coignassier qui servirait ultérieurement de porte-greffes, l'Abricotier et le Cerisier ; comme arbres d'agrément, le Robinier, l'Orme, le Micocoulier, le Mûrier, le Gleditschia, l'arbre de Judée (*Cercis sili quastrum*). Ces plants seraient repiqués en pépinière à deux ans et extraits à quatre ans pour être placés à demeure.

3° Des arbrisseaux tels que le rosier, le groseiller à maquereau et le groseiller à fruits noirs (cassis).

Le Peuplier blanc se propage surtout par boutures.

Il faut éviter d'exagérer les arrosages dans les pépinières et au pied des arbres plantés ; il vaut mieux biner le sol et l'arroser assez rarement.

Le bord de l'Oued présente, sur une faible largeur, des terains d'alluvion de bonne qualité ; on pourrait essayer d'y faire croître des légumes en choisissant ceux que l'expérience a montré pouvoir réussir et en les abritant contre le vent d'Ouest par des semis de roseaux ou des haies de Lyciet.

ZONE PASTORALE. — La zone dépourvue d'Alfa et utilisée pour le pâturage est moins étendue que le peuplement d'Alfa pur où les bestiaux autres que les bœufs ne font guère que passer, n'y trouvant pas les autres plantes qui servent principalement à leur alimentation..

Sauf dans la Daya El-Ferd, où se trouvent trois groupes de puits, la plaine ne présente de points d'eau qu'à ses extrémités : à El-Ghor et Aïn-Goréah sur la route de Sebdou à Bedeau ; à Kersauta, Hassi ben Dahman, Ouazzen, Taërziza, Kerbaya et Sidi Yahia bel Hadj, près de la route de Bedeau à El-Aricha.

Il y aurait intérêt à faire quelques sondanges entre la daya et les côtés du triangle dont El-Aricha, Bedeau et Sebdou forment les sommets ; les alluvions y sont généralement moins siliceuses et paraissent moins épaisses que dans la plaine du Chott Chergui ou dans les vallées du terrain Néocomien, l'on n'y rencontrerait donc la couche aquifère à une profondeur beaucoup moindre.

Les puits du type adopté dans la région sont souvent dégradés et mis hors d'usage par l'enlèvement des sceaux, des cordes ou le bris des poulies, d'autre part les abreuvoirs sont trop profonds et trop exigus pour être utilisés par les grands troupeaux de moutons et de chèvres ; les indigènes préfèrent les puits à fleur de terre, ils y prennent l'eau avec des outres en peau de bouc ou guerbas suspendues à une corde d'alfa et en en remplissent des rigoles creusées à proximité pour abreuver leur menu bétail mais ces rigoles sont boueuseuses et piétinées par les animaux.

On pourrait tenir compte des habitudes et des besoins des pasteurs arabes en établissant des puits à faible orifice dont la margelle ne s'élèverait qu'à 2 ou 3 décimètres du sol ; pour faciliter le puisage de l'eau, un rebord intérieur en pierres de 2 décimètres de largeur légèrement creusé serait ménagé à la base de la margelle ; des deux côtés du puits, l'on établirait des abreuvoirs à moutons en tole ou des auges en ciment de 5 à 6ᵐ de longueur, très peu profondes, engagées dans le sol et ne le dépassant que de 2 à 3 déc. ; ce type fort simple et mieux approprié à l'usage des indigènes présenterait, croyons-nous, une économie sérieuse malgré le développement donné aux abreuvoirs.

Il serait très utile de faire combler les puits qui n'ont pu servir en raison de l'absence ou de la salure de l'eau car leurs abords, que rien n'indique, sont dangereux quand le soleil est couché et, même en plein jour, des chevaux ombrageux peuvent s'y précipter avec leurs cavaliers ; des accidents sont d'autant plus à craindre que ces excavations sont voisines de chemins fréquentés par les hommes et par les troupeaux.

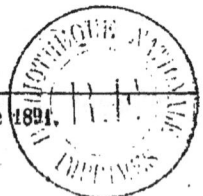

Alger. — Typ. P. Fontana et Co. — Septembre 1891.